Juventud

Literatura Mondadori, 196

Juventud

J. M. COETZEE

Traducción de Cruz Rodríguez Juiz

MONDADORI

Barcelona, 2002

Coetzee, John Maxwell
Juventud.- 1ª. Ed. - Buenos Aires : Mondadori, 2003.
176 p. ; 23x14 cm.

Traducción de: Cruz Rodríguez Juiz

ISBN 987-9397-32-0

1. Autobiografía I. Título
CDD 920

Título original: *Youth*
© 2002, J. M. Coetzee
Todos los derechos reservados
Publicado por acuerdo con Peter Lampack Agency, Inc., Nueva York
© de la edición castellana para todo el mundo:
2002, Grupo Editorial Random House Mondadori, S. L.,
Travessera de Gràcia, 47-49. 08021 Barcelona
© 2002, Cruz Rodríguez Juiz, por la traducción
Primera edición en la Argentina: octubre de 2003
Queda hecho el depósito que previene la ley 11.723
ISBN: 987-9397-32-0
www.edsudamericana.com.ar

Wer den Dichter will verstehen
muß in Dichters Lande gehen.

GOETHE

1

Vive en un apartamento de una sola habitación junto a la estación de ferrocarril de Mowbray que le cuesta once guineas al mes. El último día laborable de cada mes coge el tren para ir a la ciudad, a Loop Street, donde A. & B. Levy, agentes inmobiliarios, tienen su placa metálica y su despacho minúsculo. Al señor B. Levy, el menor de los hermanos Levy, le entrega el sobre con el alquiler. El señor Levy vacía el sobre encima de su mesa abarrotada y cuenta el dinero. Gruñendo y sudando, le hace un recibo.

—¡*Voilà*, joven! —dice, y se lo da haciendo una floritura.

Se esfuerza mucho para no retrasarse con el alquiler porque está en el apartamento de manera fraudulenta. Cuando firmó el contrato de arrendamiento y les pagó la entrada a A. & B. Levy, no rellenó su ocupación con «estudiante», sino con «ayudante de bibliotecario», y dio la biblioteca de la universidad como dirección de trabajo.

No es mentira, o no del todo. De lunes a viernes trabaja atendiendo el mostrador de la sala de lectura por las noches. Es un trabajo que la mayoría de los bibliotecarios, sobre todo mujeres, prefieren no hacer porque por las noches el campus, situado en la ladera de una montaña, resulta demasiado lúgubre y solitario. Incluso él siente un escalofrío cuando abre la cerradura de la puerta y avanza a tientas por el pasillo a oscuras hasta el interruptor central. A un maleante le resultaría muy sencillo esconderse entre las estanterías cuando el personal se va a casa a las cinco en punto, luego desvalijar las oficinas vacías y esperar en la oscuridad para atacarlo a él, el ayudante de noche, y quitarle las llaves. No hay muchos estudiantes que usen la biblioteca por la noche; en realidad, muy pocos saben que está abierta. Así que no tiene mucho que hacer. Los diez chelines por noche que gana son dinero fácil.

A veces se imagina que una chica guapa con un vestido blanco entra en la sala de lectura y se queda deambulando después de la hora de cierre. Se imagina que le enseña los misterios del taller de encuadernación y de la sala de catalogación y que luego sale con ella a la noche estrellada. Nunca sucede.

Trabajar en la biblioteca no es su único empleo. Los miércoles por la tarde ayuda en las tutorías de primer año del departamento de matemáticas (tres libras a la semana); los viernes dirige comedias escogidas de Shakespeare con los alumnos de diplomatura de teatro (dos libras con diez), y a última hora de la tarde trabaja en una escuela de refuerzo de Rondebosch enseñando a unos cuantos bobos a pasar el examen de matriculación (tres chelines por hora). Durante las vacaciones trabaja para el municipio (Departamento de Vivienda) sacando datos estadísticos de encuestas a domicilio. En conjunto, cuando suma todo lo que gana, anda bastante holgado de dinero: lo bastante como para pagar el alquiler, las tasas de la universidad, aguantar el tipo e incluso ahorrar un poco. Puede que solamente tenga diecinueve años, pero se las apaña solo y no depende de nadie.

Las necesidades corporales las trata como cuestiones de simple sentido común. Todos los domingos hierve huesos con tuétano, judías y apio para preparar una olla grande de sopa que le dure toda la semana. Los viernes visita el mercado de Salt Lake en busca de una caja de manzanas o guayabas o la fruta que esté de temporada. Todas las mañanas el lechero le deja una pinta de leche en la puerta. Cuando le sobra, la cuelga encima del fregadero en una media vieja de nailon y hace queso. Además, compra pan en la tienda de la esquina. Es una dieta que aprobaría Rousseau, o Platón. En cuanto a la ropa, tiene una chaqueta y unos pantalones buenos que se pone para ir a clase. El resto del tiempo, hace durar la ropa vieja. Está demostrando algo: que todo hombre es una isla. Que uno no necesita padres.

Algunas noches, mientras camina penosamente por Main Road con su impermeable, sus pantalones cortos y sus sandalias, el pelo aplastado por la lluvia y deslumbrado por los faros de los coches que pasan, es consciente de lo extraño que debe de ser su aspecto. No excéntrico (tener un aspecto excéntrico resulta de alguna forma distinguido), simplemente extraño. El disgusto le hace rechinar los dientes y acelera el paso.

Es delgado y ágil, pero al mismo tiempo es flácido. Le gustaría ser atractivo, pero sabe que no lo es. Le falta algo esencial, algún rasgo bien definido. Sigue teniendo un aire de niño. ¿Cuánto tiempo va a tardar en dejar de ser un niño? ¿Qué le va a curar de la niñez y lo va a convertir en hombre?

Lo que le curaría, si llegara, sería el amor. Puede que no crea en Dios, pero sí cree en el amor y en los poderes del amor. La amada, la señalada por el destino, será capaz de ver de inmediato más allá de su exterior extraño e incluso insulso y percibir el fuego que arde en su interior. Mientras tanto, tener un aspecto insulso o extraño es parte de un purgatorio que tiene que pasar a fin de salir algún día a la luz: la luz del amor y la luz del arte. Porque será artista, eso ya hace tiempo que está decidido. Si de momento tiene que ser desconocido y ridículo, se debe a que el destino del artista es sufrir el anonimato y el ridículo hasta el día en que se revelen sus verdaderos poderes y quienes se burlan y se mofan de él tengan que callarse.

Cada par de sandalias le cuesta dos chelines y seis peniques. Son de goma y las confeccionan en algún lugar de África, quizá en Malawi. Cuando se mojan, resbalan de la planta del pie. En el invierno de Ciudad del Cabo llueve durante semanas seguidas. Cuando camina bajo la lluvia por Main Road, a veces tiene que pararse para recoger una sandalia que se le ha salido. En esos momentos puede ver a los burgueses de Ciudad del Cabo riéndose al pasar cobijados dentro de sus coches. ¡Reíos!, piensa. Pronto me marcharé.

Su mejor amigo se llama Paul y estudia matemáticas igual que él. Paul es alto y moreno y tiene una aventura con una mujer mayor, una mujer llamada Elinor Laurier, pequeña, rubia y bonita de una forma nerviosa, como un pájaro. Paul se queja de los impredecibles cambios de humor de Elinor y por las exigencias que le plantea. A pesar de todo, envidia a Paul. Si él tuviera una amante hermosa y con mucho mundo que fumara con boquilla y hablara francés, no le cabe duda de que pronto viviría una transformación, incluso una transfiguración.

Elinor y su hermana gemela nacieron en Inglaterra; llegaron a Sudáfrica con quince años, tras la guerra. Su madre, según Paul, según Elinor, solía enfrentar a las dos niñas, otorgando su apoyo y amor primero a una y luego a la otra, confundiéndolas, haciendo que dependieran de ella. Elinor, la más fuerte de las dos, conservó la cordura, aunque todavía llora en sueños y guarda un osito de peluche en un cajón. Su hermana, sin embargo, durante un tiempo estuvo lo bastante loca como para que la encerraran. Todavía está en tratamiento, y sigue luchando con el fantasma de la madre muerta.

Elinor enseña en una escuela de idiomas de la ciudad. Desde que empezó con ella, Paul fue absorbido por el grupo de Elinor, un grupo de artistas e intelectuales que viven en los Jardines, visten jerséis negros, vaqueros y sandalias de esparto, beben vino tinto y fuman Gauloises, citan a Camus y García Lorca, escuchan jazz progresivo. Uno de ellos toca la guitarra española y se le puede convencer para que haga una imitación de cante jondo. Al no tener trabajos normales, pasan en vela toda la noche y duermen hasta el mediodía. Odian a los nacionalistas, pero no están politizados. Si tuvieran dinero, dicen, dejarían la ignorante Sudáfrica y se mudarían a Montmartre o las islas Baleares.

Paul y Elinor le llevaron a una de sus reuniones, organizada en un bungalow de la playa Clifton. La hermana de Elinor, la inestable de quien le habían hablado, es una de las asistentes. Según Paul, la hermana de Elinor tiene una aventura con el propietario del bungalow, un hombre de rostro rubicundo que escribe para el *Cape Times*. La hermana se llama Jacqueline. Es más alta que Elinor, sus rasgos no son tan delicados, pero aun así es bonita. Está llena de una energía nerviosa, encadena un cigarrillo tras otro, gesticula al hablar. Se lleva bien con ella. Es menos cáustica que Elinor, lo cual para él es un alivio. La gente cáustica le incomoda. Sospecha que intercambian agudezas sobre él a sus espaldas.

Jacqueline propone dar un paseo por la playa. De la mano (¿cómo ha ocurrido?) y a la luz de la luna, pasean por toda la playa. En un rincón solitario entre las rocas ella se gira hacia él, hace un mohín, le ofrece sus labios.

Él responde, pero incómodo. ¿Adónde le conducirá esto? Nunca le ha hecho el amor a una mujer mayor que él. ¿Y si no da la talla?

Le conduce, descubre, hasta el final. Él continúa sin resistirse, hace cuanto puede, sigue con la función, incluso finge al final dejarse llevar.

En realidad no se ha dejado llevar. No solo está la cuestión de la arena, que se cuela por todos lados, también está el insidioso tema de por qué esta mujer, a quien nunca había visto, se le entrega. ¿Resulta creíble que en el decurso de una conversación casual ella detectara la llama que arde oculta en su interior, la llama que lo identifica como artista? ¿O simplemente es una ninfómana y eso era sobre lo que Paul, a su manera delicada, le advertía al decirle que ella continuaba «en tratamiento»?

No es un completo lego en el sexo. Si el hombre no ha disfrutado haciendo el amor, entonces la mujer tampoco habrá disfrutado: eso sí lo sabe, es una de las reglas del sexo. Pero ¿qué ocurre después, entre un hombre y una mujer que han fracasado en el juego? ¿Están condenados a recordar su fracaso cada vez que vuelvan a encontrarse, y a sentirse avergonzados?

Es tarde, la noche se está enfriando. Se visten y regresan en silencio al bungalow, donde la fiesta ha empezado a decaer. Jacqueline recoge los zapatos y el bolso.

—Buenas noches —dice a su anfitrión, besándolo en la mejilla.

—¿Te vas? —pregunta él.

—Sí, voy a llevar a John a casa —responde ella.

Su anfitrión no parece desconcertado.

—Bueno, pues que lo paséis bien —dice—. Los dos.

Jacqueline es enfermera. Él nunca ha estado con una enfermera, pero le han contado que, por el hecho de trabajar entre enfermos y moribundos y atender a las necesidades corporales, las enfermeras son cínicas en cuestiones morales. Los estudiantes de medicina esperan con ilusión la época en que cubrirán turnos de noche en el hospital. Las enfermeras se mueren por tener relaciones sexuales, dicen. Follan en cualquier sitio, en cualquier momento.

Jacqueline, sin embargo, no es una enfermera cualquiera. Es una enfermera del Guy, se apresura a explicarle ella, formada en obstetricia en el Guy's Hospital de Londres. En la pechera de la casaca, con las insignias rojas, lleva una chapita de bronce, un casco y un guante con la divisa PER ARDUA. No trabaja en Groote Schuur, el hospital público, sino en una clínica de maternidad privada, donde la paga es mejor.

Dos días después del encuentro en la playa de Clifton él se pasa por la residencia de las enfermeras. Jacqueline le está esperando en el vestíbulo principal, vestida para salir, y se van de inmediato. Varias caras se asoman a mirarlos desde una ventana del piso superior; se da cuenta de que otras enfermeras le observan con curiosidad. Es demasiado joven, está claro que es demasiado joven para una mujer de treinta años; y con sus ropas sosas y sin coche, también está claro que no es un gran partido.

Al cabo de una semana Jacqueline ha abandonado la residencia de enfermeras y se ha mudado al apartamento con él. Al echar la vista atrás, él no recuerda haberla invitado: sencillamente no supo resistirse.

Nunca ha vivido con nadie antes, desde luego, no con una mujer, una amante. Incluso de niño tenía una habitación propia con cerrojo en la puerta. El piso de Mowbray se compone de una habitación grande, con una entrada que conduce a la cocina y el baño. ¿Cómo va a sobrevivir?

Intenta recibir de forma acogedora a su repentina compañera nueva, intenta dejarle sitio. Pero pasados unos días ha empezado a molestarle la acumulación de cajas y maletas, la ropa tirada por todos lados, el desorden del lavabo. Le tiene pavor al ruido del escúter que anuncia el regreso de Jacqueline tras el turno de día. Aunque todavía hacen el amor, crece el silencio entre los dos, con él sentado a la mesa fingiéndose absorto en sus libros y ella deambulando, sin que nadie le haga caso, suspirando, fumando un cigarrillo tras otro.

Jacqueline suspira mucho. Es el modo en que se expresa su neurosis, si es que se trata de eso, de una neurosis: suspirar y sentirse exhausta y llorar a veces en silencio. La energía, las risas y el descaro de su primer encuentro han quedado en nada. La felicidad de aquella noche fue un simple claro en las nubes de la melancolía, tal vez el efecto del alcohol, o incluso puede que Jacqueline le tomara el pelo.

Duermen juntos en una cama individual. En la cama, Jacqueline habla sin parar de hombres que la han utilizado, de terapeutas que se han apoderado de su mente y la han convertido en su muñeca. Él se pregunta si también es uno de esos hombres. ¿La está utilizando? ¿Hay otro hombre con el que se queje de él? Él se duerme mientras Jacqueline sigue hablando, por la mañana se despierta ojeroso.

Jacqueline es una mujer atractiva, se mire como se mire, más sofisticada, con más mundo de lo que él merece. La cruda verdad es que, de no ser por la rivalidad entre las dos mellizas, no se acostaría con él. Es un peón en la partida de ellas, un juego que antecede con mucho a su entrada en escena: no se engaña al respecto. No obstante, ya que ha sido el elegido, no debería cuestionarse su buena suerte. Comparte apartamento con una mujer diez años mayor que él, una mujer experimentada que durante su época del Guy's Hospital se ha acostado (dice) con ingleses, franceses, italianos, hasta con un persa. Si no puede proclamar que le quieren por sí mismo, al menos se le ha dado la oportunidad de ampliar su educación en el campo de la erótica.

Tales son sus esperanzas. Pero tras un turno de doce horas en la maternidad seguido de una cena consistente en coliflor con bechamel y una velada de silencio taciturno, Jacqueline no se siente muy generosa consigo misma. Cuando le besa, si es que le besa, lo hace por obligación, porque si el sexo no es la razón de que dos adultos se hayan encerrado en un espacio vital tan incómodo y apretado, ¿qué otro motivo pueden tener para estar allí?

La crisis estalla mientras él está fuera. Jacqueline busca su diario y lee lo que él ha escrito sobre su vida en común. Al regresar la encuentra haciendo las maletas.

—¿Qué ocurre? —pregunta él.

Con los labios apretados, Jacqueline señala el diario abierto que hay sobre la mesa.

Él monta en cólera.

—¡No vas a impedir que escriba! —promete. Es una incongruencia, y lo sabe.

Ella también está enfadada, pero de un modo más frío y profundo.

—Si, tal como dices, te resulto una carga insoportable —dice ella—, si estoy destruyendo tu paz y tu privacidad y tu capacidad de escribir, déjame que te diga que por mi parte he odiado vivir contigo, cada minuto que he pasado aquí, y no veo el momento de ser libre.

Lo que él debería haber dicho es que no deben leerse los papeles privados de los demás. De hecho, debería haber escondido su diario, no dejarlo donde ella pudiera encontrarlo. Pero ahora es demasiado tarde, el mal está hecho. Contempla a Jacqueline hacer las maletas, la ayuda a asegurar la bolsa en el sillín del escúter.

—Con tu permiso, me quedaré la llave hasta que haya recogido el resto de mis cosas —dice. Se coloca bruscamente el casco—. Adiós. Me has decepcionado, John. Puede que seas listo, yo qué sé, pero todavía te queda madurar mucho.

—Aprieta el pedal. El motor no arranca. Pisa otra vez el pedal, y otra. El olor a gasolina llena el aire. El carburador está inundado; solo puede esperarse a que se seque.

—Entra —le sugiere él. Imperturbable, ella se niega—. Lo siento. Todo.

Él entra en el piso dejándola en el callejón. A los cinco minutos oye el motor y la motocicleta que se aleja.

¿Lo lamenta? Desde luego, lamenta que Jacqueline leyera lo que leyó. Pero la verdadera cuestión es: ¿por qué motivos escribió lo que escribió? ¿Lo escribió tal vez para que ella lo leyera? ¿Dejar sus verdaderos pensamientos donde ella acabaría encontrándolos ha sido su modo de decirle lo que era demasiado cobarde para explicarle a la cara? ¿Cuáles son sus verdaderos pensamientos, de todos modos? Unos días se siente feliz, incluso privilegiado, por vivir con una mujer bella, o al menos por no vivir solo. Otros días se siente de otro modo. ¿Qué es verdad: la felicidad, la infelicidad o un punto medio entre una y otra?

La cuestión de qué debería tener entrada en su diario y ser guardado para siempre afecta al corazón de todo lo que escribe. Si tiene que censurarse la expresión de emociones innobles —el resentimiento ante la invasión de su apartamento o la vergüenza ante sus errores como amante—, ¿cómo van a transfigurarse nunca tales emociones y convertirse en poesía? Y si la poesía no ha de ser el medio que lo transfigure de innoble a noble, ¿para qué interesarse por la poesía? Además, ¿quién dice que los pensamientos que escribe en su diario son sus sentimientos verdaderos? ¿Quién dice que mientras mueve el bolígrafo está siendo en todo momento él mismo de verdad? Puede que en un momento sea él y en otro simplemente esté inventando. ¿Cómo puede estar seguro? ¿Por qué tendría que querer estarlo?

Rara vez las cosas son lo que parecen: esto es lo que debería haberle dicho a Jacqueline. Sin embargo, ¿qué oportunidades tenía de que le hubiera entendido? ¿Cómo iba a creer ella que lo que había leído en el diario no era la verdad, la innoble verdad, de lo que pasaba por la cabeza de su compañero durante esas densas tardes de silencio y suspiros, sino una ficción, una de las muchas ficciones posibles, verdad solo en el sentido en que lo es una obra de arte –verdad con respecto a sí misma, verdad con respecto a sus objetivos inmanentes–, cuando la innoble lectura coincidía tantísimo con su propia sospecha de que su compañero no la amaba, de que a él ni siquiera le gustaba?

Jacqueline no le creerá por la sencilla razón de que él tampoco se lo cree. No sabe lo que cree. A veces piensa que no cree en nada. Pero una vez pasado todo, queda el hecho de que su primer intento de convivencia con una mujer ha terminado en fracaso, en la ignominia. Tiene que volver a vivir solo, lo cual no es poco consuelo. Sin embargo, no puede vivir siempre solo. Tener amantes forma parte de la vida del artista: incluso si esquiva la trampa del matrimonio, tal como desde luego hará, tendrá que encontrar el modo de vivir con mujeres. No puede alimentarse el arte solo con privaciones, añoranza, soledad. Tiene que haber intimidad, pasión, también amor.

Picasso, un gran artista, tal vez el más grande, es un ejemplo evidente. Picasso se enamora de mujeres, una tras otra. Una tras otra se van a vivir con él, comparten su vida, posan para él. De la pasión que se enciende de nuevo con cada nueva amante, las Doras y Pilares a quienes la suerte trae hasta la puerta del artista renacen en arte imperecedero. Así es como se hace. ¿Y él? ¿Puede prometer que todas las mujeres de su vida, no solo Jacqueline sino todas las mujeres inimaginables que vendrán, tendrán idéntico destino? Le gustaría creerlo, pero tiene sus dudas. Solo el tiempo dirá si resultará ser tan grande como Picasso, pero una cosa es segura: él no es Picasso. Su sensibilidad es diferente de la de Picasso. Él es más tranquilo, más lúgubre, más del norte. Tampoco tiene los hipnóticos ojos negros de Picasso. Si alguna vez intenta transfigurar a una mujer, no lo hará con tanta crueldad como Picasso, doblando y retorciendo el cuerpo de ella como si fuera metal en un horno feroz. De todos modos, los escritores no son como los pintores: son más obstinados, más sutiles.

¿Es ese el sino de toda mujer que se mezcle con artistas, dejar que extraigan y transformen en ficción lo mejor o lo peor de ella? Piensa en la Elena de *Guerra y paz*. ¿Empezó Elena como amante de Tolstoi? ¿Supuso que, mucho después de muerta, hombres que jamás le habían puesto la vista encima desearían sus bellos hombros desnudos?

¿Tiene que ser todo así de cruel? Seguro que existe alguna forma de cohabitación en la que hombre y mujer comen juntos, duermen juntos, viven juntos y no obstante permanecen inmersos en sus respectivas exploraciones interiores. ¿Por eso la relación con Jacqueline estaba condenada al fracaso: porque, al no ser ella artista, no podía apreciar la necesidad de soledad interior del artista? Si Jacqueline hubiera sido escultora, por ejemplo, si hubieran destinado un rincón del apartamento para que cincelara mármol mientras en otro rincón él se peleaba con las palabras y las rimas, ¿habría florecido el amor? ¿La moraleja del cuento de Jacqueline y él consiste en que es mejor que los artistas tengan aventuras solo con artistas?

2

La aventura ha terminado. Tras semanas de intimidad sofocante por fin vuelve a tener una habitación para él solo. Apila las cajas y las maletas de Jacqueline en un rincón y espera a que pasen a recogerlas. No ocurre. En cambio, una noche, reaparece Jacqueline. Ha vuelto, dice ella, no para reanudar su convivencia («Es imposible vivir contigo»), sino para hacer las paces («No quiero que haya mala sangre, me deprime»), unas paces que comportan primero acostarse con él y luego, ya en la cama, arengarle a propósito de lo que dijo de ella en su diario. Jacqueline no se calla: no se van a dormir hasta las dos de la madrugada.

Él se despierta tarde, demasiado tarde para su clase de las ocho. No es la primera que se salta desde que Jacqueline entró en su vida. Se está rezagando en los estudios y no alcanza a vislumbrar cómo logrará ponerse al día. En los dos primeros años de universidad ha sido uno de los lumbreras de la clase. Todo le parecía fácil, siempre iba un paso por delante del profesor. Pero últimamente parece que una niebla espesa le embote el cerebro. Las matemáticas que estudian se han vuelto más modernas y abstractas y ha empezado a perderse. Todavía sigue la explicación de la pizarra línea a línea, pero cada vez con más frecuencia se le escapa el razonamiento global. Le dan ataques de pánico en clase que oculta lo mejor que puede.

Curiosamente, parece ser el único afectado. Ni siquiera los compañeros que solo cuentan con su buena voluntad parecen tener más problemas de los habituales. Mientras que las calificaciones de él bajan mes a mes, las de los otros se mantienen estables. En cuanto a los lumbreras, los verdaderos lumbreras, sencillamente le han dejado esforzándose por seguir su estela. Jamás en la vida ha tenido que recurrir a sus máximas capacidades. Siempre le ha bastado sin tener que hacerlo lo mejor que podía. Ahora lucha a vida o muerte. A menos que se dedique plenamente a su trabajo, se hundirá.

Sin embargo, pasa días enteros rodeado de una niebla gris de cansancio. Se maldice por dejarse atraer de vuelta a una aventura que le cuesta tanto. Si esto es lo que implica tener una amante, ¿cómo se las apañan Picasso y los demás? Sencillamente, carece de la energía para ir de clase a clase, de un trabajo a otro y después, al final del día, prestar atención a una mujer que pasa de la euforia a rachas de la melancolía más negra en las que lo destroza todo amargándose con rencores acumulados a lo largo de toda una vida.

Aunque teóricamente ya no vive con él, Jacqueline no tiene reparos en presentarse en su puerta a cualquier hora del día o de la noche. A veces viene a acusarle de alguna palabra que se le ha escapado y cuyo significado velado acaba de ver claro. A veces simplemente se siente deprimida y quiere que la animen. Lo peor es el día de después de la terapia: se presenta para repetir una y otra vez lo que ha ocurrido en la consulta de su terapeuta, para examinar las implicaciones del gesto más nimio. Jacqueline suspira y llora, bebe un vaso de vino tras otro, rompe la comunicación en mitad de la relación sexual.

—Deberías ir a terapia —le dice Jacqueline, expulsando humo.

—Me lo pensaré —replica él. A estas alturas ya sabe que no debe contradecirla.

En realidad, no iría a terapia ni en sueños. La meta de la terapia es hacerte feliz. ¿Qué sentido tiene? La gente feliz no es interesante. Mejor aceptar la carga de la infelicidad e intentar transformarla en algo que valga la pena, poesía, música o pintura: es lo que él cree.

No obstante, escucha a Jacqueline con toda la paciencia que puede. Él es el hombre, ella la mujer: él ha obtenido placer de ella, ahora debe pagar el precio. Parece que las aventuras amorosas funcionan así.

La historia de Jacqueline, contada noche tras noche en versiones contradictorias y coincidentes en parte a su oreja aturdida por el sueño, es que le ha robado su verdadero yo un perseguidor que a veces es su tiránica madre, a veces el padre que huyó, a veces un amante sádico u otro, a veces un terapeuta mefistofélico. Lo que estás abrazando, le dice ella, es solo un caparazón de la verdadera Jacqueline, que solo recuperará la capacidad de amar cuando se recupere a sí misma.

Él escucha pero no se la cree. Si su terapeuta tiene puestos los ojos en ella, piensa él, ¿por qué no lo deja? Si su hermana la menosprecia, ¿por qué no deja simplemente de ver a su hermana? En cuanto a él mismo, sospecha que si Jacqueline ha acabado tratándolo más como a un confidente que como a un amante es porque no es lo bastante bueno como amante, no es lo bastante fogoso, apasionado. Sospecha que de ser mejor amante Jacqueline encontraría enseguida su yo y su deseo perdidos.

¿Por qué continúa abriendo la puerta cuando llama Jacqueline? ¿Es porque eso es lo que hacen los artistas —pasar la noche en vela, complicarse la vida— o es porque, pese a todo, le desconcierta esta mujer elegante de belleza innegable que no se avergüenza de pasear desnuda por el apartamento ante sus ojos?

¿Por qué Jacqueline es tan libre en presencia de él? ¿Es para provocarle (puesto que siente sus ojos clavándose en ella, eso lo sabe) o es que todas las enfermeras se comportan así en privado, dejan caer la ropa, se rascan, hablan con total naturalidad de la excreción, cuentan los mismos chistes soeces que los hombres explican en los bares? Sin embargo, si Jacqueline se ha liberado de todas las inhibiciones, ¿por qué hace el amor de forma tan distraída, a la ligera, decepcionante? No fue idea de él empezar con esta aventura ni tampoco continuarla. Pero ahora que está en ello carece de la energía para escapar. Le domina el fatalismo. Si la vida con Jacqueline es una especie de enfermedad, mejor dejar que la enfermedad siga su curso.

Paul y él son lo bastante caballerosos como para no comparar amantes. No obstante, él sospecha que Jacqueline Laurier habla de él con su hermana y esta informa a Paul. Le avergüenza que Paul sepa lo que ocurre en su vida íntima. Está seguro de que, de los dos, Paul maneja mejor a las mujeres.

Un día que Jacqueline está trabajando en el turno de noche de la maternidad, él se pasa por el piso de Paul. Le encuentra preparándose para irse a la casa de su madre en Saint James, a pasar el fin de semana. ¿Por qué no te vienes, sugiere Paul, al menos a pasar el sábado?

Pierden el último tren por los pelos. Si insisten en ir a Saint James tendrán que andar veinte kilómetros. La noche es buena. ¿Por qué no?

Paul lleva la mochila y el violín. Ha cogido el violín, dice, porque es más fácil practicar en Saint James, donde los vecinos están más lejos.

Paul ha estudiado violín desde niño, pero nunca ha llegado demasiado lejos. Parece contentarse con tocar los mismos pequeños minués y gigas que hace una década. Las ambiciones musicales de él son mucho mayores. En el piso tiene el instrumento que le compró su madre cuando a los quince años empezó a pedir clases de piano. Las lecciones no fueron un éxito, era demasiado impaciente para el lento método paso a paso de su maestro. De todos modos, está decidido a tocar algún día, por muy mal que lo haga, el opus 132 de Beethoven y después la transcripción Busoni de la chacona en *re* menor de Bach. Alcanzará sus objetivos sin dar el habitual rodeo por Czerny y Mozart. En lugar de eso ensayará esas dos piezas y nada más, incansablemente, aprendiendo las notas a fuerza de tocarlas primero muy, muy lento e incrementando luego el tempo día a día durante el tiempo que sea necesario. Es su método para aprender a tocar el piano, inventado por él. Mientras siga el programa sin flaquear, no ve por qué no iba a funcionar.

Sin embargo, lo que está descubriendo es que si intenta pasar del muy, muy lento a un simple muy lento, se le tensan y bloquean las muñecas, se le agarrotan las articulaciones de los dedos y le resulta imposible tocar. Entonces se enfurece, aporrea las teclas con los puños y se va presa de la desesperación.

Pasa de la medianoche y Paul y él todavía no han pasado de Wynberg. Ha disminuido el tráfico, la carretera principal está vacía salvo por el barrendero que pasa empujando la escoba.

En Diep River se cruzan con la carreta tirada por un caballo del lechero. Se paran a verle detener el caballo, recorrer al trote el sendero de un jardín, dejar un par de botellas llenas, recoger las vacías, sacudir las monedas y regresar corriendo al carro.

—¿Nos vende un vaso de leche? —pregunta Paul, y le entrega cuatro peniques.

El lechero sonríe mientras los observa beber.

El lechero es joven y guapo y rebosa energía. Ni siquiera al gran caballo blanco de cascos peludos parece importarle estar en pie en mitad de la noche.

Él se maravilla. No sabe nada de estos asuntos que se llevan a cabo mientras la gente duerme: se barren las calles y ¡se entrega la leche a la puerta de casa! Pero le desconcierta una cosa. ¿Cómo es que no roban la leche? ¿Por qué no hay ladrones que siguen los pasos del lechero y birlan las botellas que va repartiendo? En una tierra donde la propiedad es delito y todo puede ser robado, ¿qué salva a la leche? ¿El hecho de que sea demasiado fácil robarla? ¿Tienen principios que rijan su conducta los ladrones? ¿O sienten lástima de los lecheros, en su mayoría jóvenes negros y sin recursos? Le gustaría creer en esta última explicación. Le gustaría creer que se siente cierta lástima por los negros y su suerte, un deseo de tratarlos de manera íntegra, de compensar la crueldad de las leyes. Pero sabe que no es así. Entre los negros y los blancos se abre un abismo. Más profunda que la lástima, más profunda que los tratos íntegros, más profunda que la buena voluntad es la conciencia por ambas partes de que la gente como Paul y él mismo, con sus pianos y violines, están en esta tierra, en la tierra de Sudáfrica, con el más inestable de los pretextos. Incluso este lechero, que hace un año debía de ser un niño que cuidaba el rebaño en las profundidades de Transkei, debe de saberlo. De hecho, siente emanar de los africanos en general, incluso los mestizos, una ternura curiosa y divertida: la impresión de que debe de ser bobo y necesitar que lo cuiden si es que imagina que podrá salir adelante a fuerza de miradas directas y tratos íntegros cuando el suelo que pisa está empapado de sangre y las vastas profundidades de la historia pasada resuenan con gritos de ira. ¿Por qué si no este joven, con los primeros indicios del viento diurno acariciando las crines de su caballo, sonríe con amabilidad mientras contempla a los dos hombres beberse la leche que les ha dado?

Llegan a la casa de Saint James al romper el alba. Cae dormido en el sofá al instante y duerme hasta el mediodía, cuando la madre de Paul los despierta y les sirve el desayuno en un porche con vistas a toda la extensión de False Bay.

Paul y su madre cruzan conversaciones en las que él se siente incluido con facilidad. La madre de Paul es fotógrafa con estudio propio. Es de constitución pequeña y viste bien, tiene voz ronca de fumadora y aire inquieto. Después de comer se va: tiene trabajo que hacer, dice.

Él y Paul se acercan a la playa, nadan, vuelven, juegan al ajedrez. Luego él coge el tren de vuelta a casa. Es el primer atisbo de la vida doméstica de Paul, y se siente lleno de envidia. ¿Por qué no puede tener una relación bonita y normal con su madre? Le gustaría que su madre fuera como la de Paul, que tuviera una vida propia fuera del estrecho ámbito familiar. Fue para escapar de la opresión de la familia para lo que se fue de casa. Ahora rara vez ve a sus padres. Aunque vive a un paseo de su casa, no va a visitarlos. Nunca ha llevado a Paul a verlos, ni a ninguno de sus otros amigos, por no hablar de Jacqueline. Ahora que dispone de ingresos propios, emplea su independencia para excluir a sus padres de su vida. A su madre le angustia esta frialdad, lo sabe, la frialdad con la que él le devuelve el amor que ella le ha dado toda la vida. Toda la vida su madre ha querido mimarle, toda la vida él se ha resistido. Aunque él insiste, su madre no se cree que gane lo suficiente para vivir. Cuando se ven intenta colarle algo de dinero en el bolsillo, un par de libras. «Una nadería», lo llama ella. A poco que le diera ocasión, su madre le cosería cortinas para el apartamento y le haría la colada. Tiene que endurecer su corazón en contra de ella. Ahora no es momento de bajar la guardia.

3

Está leyendo la correspondencia de Ezra Pound. A Ezra Pound lo despidieron de su puesto en el Wabash College de Indiana por meter a una mujer en su habitación. Furioso por semejante estrechez de miras provinciana, Pound abandonó América. En Londres conoció a la bella Dorothy Shakespear, con la que se casó, y se trasladaron a Italia. Tras la Segunda Guerra Mundial fue acusado de ayudar y secundar a los fascistas. Para eludir la pena de muerte alegó demencia y lo recluyeron en un manicomio.

Ahora, en 1959, ya libre, Pound ha regresado a Italia y sigue trabajando en el proyecto de su vida, los *Cantos*. Todos los *Cantos* publicados hasta la fecha están en la biblioteca de la universidad de Ciudad del Cabo, en ediciones de Faber en las que la procesión de versos en elegante tipografía queda interrumpida de vez en cuando, como a golpes de gong, por caracteres chinos enormes. Los *Cantos* le han absorbido; los lee y relee (saltándose con sentimiento de culpa las densas secciones sobre Van Buren y los Malatesta) con el libro de Hugh Kenner sobre Pound a modo de guía. T. S. Eliot, de forma magnánima, llamó a Pound *il miglior fabbro*, el mejor artesano. Pese a lo mucho que admira la obra de Eliot, cree que el poeta tiene razón.

Ezra Pound ha sido perseguido la mayor parte de su vida: empujado al exilio, encarcelado, expulsado de su patria por segunda vez. Sin embargo, pese a ser considerado un loco, Pound ha demostrado ser un gran poeta, quizá tan grande como Walt Whitman. Obedeciendo a su genio, ha sacrificado la vida por el arte. Como Eliot, aunque el sufrimiento de Eliot ha sido de una naturaleza más privada. Eliot y Pound han llevado una vida de padecimiento y en ocasiones de ignominia. De esto se extrae una lección, oculta en cada página de la poesía de ambos: de la de Eliot, con la que tuvo su primer encuentro sobrecogedor cuando todavía iba al colegio, y ahora de la de Pound. Como Pound y Eliot, tiene que estar preparado para soportar todo lo que la vida le tenga reservado, incluso si significa el exilio, la labor no reconocida y el oprobio. Y si no supera el supremo examen del arte, si resulta que después de todo no está bendecido con el don, también tiene que estar preparado para soportar eso: el veredicto irrevocable de la historia, el destino de ser, pese a todos sus sufrimientos presentes y futuros, un artista menor. Muchos son los llamados y pocos los elegidos. Por cada gran poeta hay una nube de poetas menores, como mosquitos zumbando alrededor de un león.

Solo uno de sus amigos comparte su pasión por Pound, Norbert. Norbert nació en Checoslovaquia, se trasladó a Sudáfrica tras la guerra, y habla inglés con un leve deje alemán. Estudia para convertirse en ingeniero como su padre. Viste con elegante formalidad europea y mantiene un noviazgo de lo más respetable con una guapa muchacha de buena familia con la que sale de paseo una vez por semana. Él y Norbert se reúnen en un salón de té a los pies de la montaña donde comentan los últimos poemas de cada uno y se leen en voz alta sus pasajes favoritos de Pound.

Le sorprende e interesa que Norbert, un futuro ingeniero, y él, un futuro matemático, sean discípulos de Ezra Pound mientras que otros estudiantes poetas que conoce, los que estudian literatura y dirigen la revista literaria de la universidad, siguen a Gerard Manley Hopkins. Él mismo pasó por una breve fase de afición a Hopkins en el instituto durante la cual atiborró sus versos con montones de monosílabos tónicos y evitó las palabras de origen latino. Pero con el tiempo perdió interés por Hopkins, igual que ahora se encuentra en proceso de perderlo por Shakespeare. Los versos de Hopkins están demasiado plagados de consonantes; los de Shakespeare, de metáforas. Hopkins y Shakespeare también dan demasiado valor a las palabras poco frecuentes, en particular a las del inglés antiguo: *maw, reck, pelf*. No ve por qué el verso siempre debe ir ascendiendo hacia una cima declamatoria, por qué no puede contentarse con seguir las flexiones de la lengua hablada ordinaria; de hecho, no ve por qué tiene que ser tan diferente de la prosa.

Ha comenzado a preferir a Pope antes que a Shakespeare, y a Swift antes que a Pope. Pese a la cruel precisión de su fraseo, el cual aprueba, le sigue pareciendo que Pope se encuentra demasiado como en su casa entre enaguas y pelucas, mientras que Swift sigue siendo un salvaje, un solitario.

También le gusta Chaucer. La Edad Media es aburrida, está obsesionada con la castidad, infestada de clérigos; los poetas medievales son en su mayoría tímidos, siempre recurren a los padres latinos en busca de guía. Pero Chaucer mantiene una agradable distancia irónica con respecto a sus maestros. Y, a diferencia de Shakespeare, no suelta una perorata sobre cualquier asunto y empieza a despotricar.

En cuanto a los demás poetas ingleses, Pound le ha enseñado a detectar el sentimiento fácil en el que se regodean los románticos y los victorianos, por no hablar de su descuidada versificación. Pound y Eliot intentan revitalizar la poesía angloamericana devolviéndole la mordacidad de la francesa. Está completamente de acuerdo con ellos. No entiende cómo en otro tiempo Keats pudo emocionarle hasta el punto de imitarle al escribir sonetos. Keats es como la sandía, suave y dulce y carmesí, cuando la poesía debería ser fuerte y clara como una llama. Leer media docena de páginas escritas por Keats es como ceder a la seducción.

Si supiera francés, se sentiría más seguro al tomar a Pound como maestro. Pero todos sus esfuerzos por aprenderlo no le han servido de nada. No tiene sentido de la lengua francesa, cuyas palabras arrancan con brusquedad solo para perderse en un murmullo final. De manera que debe confiar en Pound y Eliot cuando afirman que Baudelaire y Nerval, Corbière y Laforgue marcan el camino a seguir.

Su plan, cuando ingresó en la universidad, consistía en licenciarse en matemáticas, luego marcharse al extranjero y consagrarse al arte. Ahí acababa el plan, tampoco necesitaba más, y hasta la fecha continúa según lo trazado. Mientras perfeccione su destreza poética en el extranjero se ganará la vida con alguna ocupación gris y respetable. Ya que los grandes artistas están destinados a vivir en el anonimato durante un tiempo, imagina que cumplirá sus años de prueba de oficinista, añadiendo humildemente columnas de cifras en una trastienda. Desde luego no será ningún bohemio, es decir, un borracho gorrón y haragán.

Lo que le atrae de las matemáticas, aparte de los símbolos arcanos que se emplean, es su pureza. Si en la universidad existiera un departamento de pensamiento puro es probable que también se inscribiera, pero por lo visto las matemáticas puras son lo más cercano al reino de las formas que la academia ofrece.

No obstante, su plan de estudios se enfrenta a un obstáculo: la normativa no permite estudiar matemáticas puras de manera exclusiva. La mayoría de los estudiantes de su clase combinan matemáticas puras, aplicadas y física. Él no se siente capaz de seguir por ahí. Aunque de niño le interesaron vagamente los cohetes y la fisión nuclear, carece de sensibilidad para lo que llaman el mundo real, no logra entender por qué en física las cosas son como son. Por qué, por ejemplo, una pelota que bota acaba por dejar de hacerlo. A sus compañeros de estudios la pregunta no les plantea dificultades: porque su coeficiente de elasticidad es inferior a uno, dicen. Pero ¿por qué tiene que serlo?, se pregunta. ¿Por qué no puede ser exactamente uno o más de uno? Sus compañeros se encogen de hombros. Vivimos en el mundo real, le dicen: en el mundo real el coeficiente de elasticidad es siempre inferior a uno. A él esto no le parece una respuesta.

Puesto que parecería que no siente la menor simpatía por el mundo real, evita las ciencias y rellena los huecos de su currículo con cursos de inglés, filosofía y clásicas. Le gustaría que pensaran en él como en un estudiante de matemáticas que sigue unos cuantos cursos de letras; pero lamentablemente los estudiantes de ciencias le consideran un intruso, un diletante que se presenta en las clases de matemáticas y desaparece para ir Dios sabrá adónde.

Como va a ser matemático, debe invertir la mayor parte de su tiempo en las matemáticas. Pero las matemáticas son fáciles y el latín no. Latín es la asignatura que lleva más floja. Años de instrucción en la escuela católica han arraigado en él la lógica de la sintaxis latina; escribe con corrección cuando batalla con la prosa ciceroniana; pero Virgilio y Horacio, con su orden azaroso de las palabras y repugnante repertorio de términos, continúan frustrándole.

Le asignan un grupo de tutoría de latín en el que la mayoría estudia también griego. Saber griego les facilita el aprendizaje de latín; él tiene que esforzarse para mantener el ritmo, para no quedar en ridículo. Ojalá hubiera ido a una escuela que enseñara griego.

Uno de los atractivos secretos de las matemáticas es que emplea el alfabeto griego. Aunque no conoce más palabras griegas que *hibris*, *areté* y *eleuteria*, pasa horas perfeccionando la caligrafía del alfabeto griego, apretando más en los trazos descendentes para darle el efecto de una Bodoni.

El griego y las matemáticas constituyen a sus ojos las asignaturas más nobles que puedan estudiarse en la universidad. Desde la distancia reverencia a los profesores de griego, a cuyos cursos no puede asistir: Anton Paap, papirólogo; Maurice Pope, traductor de Sófocles; Maurits Heemstra, comentarista de Heráclito. Junto con Douglas Sears, catedrático de matemáticas puras, habitan un reino elevado.

Pese a sus mayores esfuerzos, sus notas de latín no son altas. La historia romana le baja siempre la media. El profesor encargado de impartir historia romana es un inglés joven, pálido e infeliz interesado en realidad en *Digenis Akritas*. Los estudiantes de derecho, obligados a estudiar latín, adivinan su falta de carácter y le atormentan. Entran tarde y salen pronto; lanzan aviones de papel; cuchichean en voz alta mientras habla; cuando suelta uno de sus flojas agudezas se ríen a voz en cuello y dan golpes con los pies en el suelo sin parar. La verdad es que a él le aburren tanto como a los estudiantes de derecho, y quizá también al profesor, las fluctuaciones del precio del trigo durante el reinado de Cómodo. Sin hechos no hay historia, y él nunca ha tenido cabeza para los hechos: cuando llegan los exámenes y se le invita a dar su opinión sobre qué causó el qué en el Imperio tardío, se queda mirando la página en blanco con amargura.

Leen a Tácito traducido: áridos recitales sobre los excesos y atrocidades de los emperadores donde únicamente la inexplicable prisa por enlazar frase tras frase insinúa cierta ironía. Si va a convertirse en poeta debería estar estudiando a Catulo, poeta del amor, al que traducen en las tutorías; pero es Tácito el historiador, cuyo latín es tan difícil que no puede leerlo en el idioma original, lo que le mantiene ocupado.

Siguiendo el consejo de Pound, ha leído a Flaubert, primero *Madame Bovary* y después *Salambó*, la novela de Flaubert sobre la Cartago de la Antigüedad, de igual manera en que se ha negado tozudamente a leer a Victor Hugo. Hugo, dice Pound, es un charlatán, mientras que Flaubert aplica a la escritura de la prosa la difícil artesanía joyera de la poesía. Siguen a Flaubert, primero Henry James, después Conrad y Ford Madox Ford.

Le gusta Flaubert. Emma Bovary en particular, con sus ojos negros, su sensualidad inquieta, su disposición a entregarse, le tiene subyugado. Le gustaría acostarse con Emma, oír el famoso cinturón silbar como una serpiente mientras ella se desviste. Pero ¿lo aprobaría Pound? No está seguro de que el hecho de querer conocer a Emma sea una razón lo bastante buena para admirar a Flaubert. Sospecha que en su sensibilidad queda todavía algo podrido, algo keatsiano.

Desde luego, Emma Bovary es un personaje de ficción, nunca se la encontrará en la calle. Pero Emma no fue creada de la nada: sus orígenes se remontan a las experiencias de carne y hueso de su autor, experiencias que luego fueron sometidas al fuego transfigurador del arte. Si Emma tuvo un original, o varios, de ello se deduce que en el mundo real deberían existir mujeres como Emma o como su original. E incluso de no ser así, incluso si ninguna mujer del mundo real acaba de ser como Emma, tiene que haber muchas mujeres a quienes la lectura de *Madame Bovary* haya afectado tan hondamente que hayan caído bajo el embrujo de Emma y se hayan convertido en versiones de ella. Tal vez no sean la Emma real pero en cierto sentido son su personificación en vida.

Ambiciona leer todo lo que merezca ser leído antes de irse al extranjero, así no llegará a Europa siendo un paleto de provincias. Como guías de lectura confía en Eliot y Pound. Siguiendo la autoridad de estos poetas, desestima sin pensárselo estantería tras estantería de Scott, Dickens, Thackeray, Trollope, Meredith. Tampoco nada salido del siglo XIX alemán, italiano, español o escandinavo merece atención. Puede que Rusia haya producido algunos monstruos interesantes, pero como artistas los rusos no tienen nada que enseñar. Desde el siglo XVIII la civilización ha sido un asunto anglofrancés.

Por otra parte, existen reductos de alta civilización en tiempos remotos que uno no puede permitirse obviar: no solo Atenas y Roma, sino también la Alemania de Walther von Vogelweide, la Provenza de Arnaut Daniel, la Florencia de Dante y Guido Cavalcanti, por no hablar de la China Tang, la India mongola y la España almorávide. De manera que, a menos que aprenda chino, persa y árabe, o al menos idiomas suficientes para leer a los clásicos en traducciones, podría considerarse un bárbaro. ¿De dónde sacará tiempo?

Al principio, las clases de inglés no le fueron bien. Su tutor de literatura era un joven galés llamado señor Jones. El señor Jones acababa de llegar a Sudáfrica; era su primer trabajo como Dios manda. Los estudiantes de derecho, que acudían a las clases solo porque el inglés, igual que el latín, eran asignaturas obligatorias, habían olido su falta de seguridad al momento: bostezaban en sus narices, hacían el idiota y parodiaban su manera de hablar hasta que en ocasiones el hombre se desesperaba.

El primer ejercicio consistió en escribir un análisis crítico de un poema de Andrew Marvell. Pese a no estar seguro de lo que se entendía por análisis crítico, lo hizo lo mejor que pudo. El señor Jones le puso un gamma. No era la peor nota de la escala –por debajo quedaba todavía el gamma bajo, por no hablar de las variantes del delta– pero no era buena. Varios estudiantes, algunos de derecho, obtuvieron betas; incluso hubo un solitario alfa bajo. Por muy indiferente que les resultara la poesía, sus compañeros de clase sabían algo que él desconocía. Pero ¿el qué? ¿Cómo se consigue ser bueno en inglés?

El señor Jones, el señor Bryant, la señorita Wilkinson: todos sus profesores eran jóvenes y, en su opinión, desvalidos, resignados a sufrir en silencio las persecuciones de los estudiantes de derecho con la esperanza de que acabaran por cansarse y amainarse. En cuanto a él, no se compadecía de su difícil situación. Lo que quería de sus profesores era autoridad, no una exhibición de vulnerabilidad.

En los tres años transcurridos desde que tuviera al señor Jones, sus notas en inglés había mejorado lentamente. Pero nunca había sido el primero de la clase, en cierto sentido siempre había tenido que pelear, sin saber con seguridad en qué debería consistir el estudio de la literatura. Comparado con la crítica literaria, el aspecto filológico de la asignatura había supuesto un alivio. Al menos con las conjugaciones verbales del inglés antiguo o los cambios fonéticos del inglés de la Edad Media uno sabe qué terreno pisa.

Ahora, en cuarto de carrera, se ha inscrito en un curso sobre los primeros prosistas ingleses a cargo del catedrático Guy Howarth. Es el único alumno. Howarth tiene reputación de hombre seco y pedante, pero eso a él no le importa. No tiene nada en contra de los pedantes. Los prefiere a los teatrales. Se reúnen una vez por semana en el despacho de Howarth. Howarth lee la clase en voz alta mientras él toma notas. Al cabo de unas cuantas sesiones, Howarth le presta el texto para que se lo lea en casa.

Los textos, escritos a máquina con una cinta gastada sobre papel crujiente, amarillento, son extraídos de un mueble que parece guardar una carpeta sobre todos los autores ingleses desde Austen a Yeats. ¿Eso es lo que hay que hacer para convertirse en catedrático de inglés: leer a los autores del canon y escribir una clase sobre cada uno de ellos? ¿Cuántos años se vida se te lleva por delante algo así? ¿Qué le hace a tu alma?

Howarth, que es australiano, parece haberle cogido aprecio, aunque él no logra entenderlo. Por su parte, si bien no puede afirmar que le guste Howarth, sí le despierta instinto protector por su torpeza, su falsa creencia de que a los estudiantes sudafricanos les importa mínimamente lo que piense de Gascoigne o Lyly, o para el caso, de Shakespeare.

El último día del trimestre, después de la última tutoría, Howarth le invita.

—Pásese mañana a tomar una copa en casa a última hora de la tarde.

Obedece, pero a desgana. Más allá de las conversaciones en torno a los prosistas isabelinos, no tiene nada que decirle a Howarth. Además, no le gusta beber. Hasta el vino, después del primer sorbo, le sabe agrio, agrio, pesado y desagradable. No comprende por qué la gente finge disfrutar con él.

Se sientan en la sala de estar oscura y de techo alto que Howarth tiene en su casa de los Jardines. Por lo visto es el único invitado. Howarth habla de poesía australiana, de Kenneth Slessor y A. D. Hope. La señora Howarth entra y sale a placer. Intuye que a ella le desagrada, que le parece un mojigato, falto de *joie de vivre*, falto de conversación. Lilian Howarth es la segunda mujer de Howarth. No hay duda de que en sus tiempos fue una belleza, pero ahora solo es una mujercita achaparrada de piernas largas y flacas y con demasiado maquillaje. También se dice que es una borrachina propensa a montar escenas cuando está bebida.

Resulta que le han invitado con un fin. Los Howarth se van al extranjero para seis meses. ¿Le importaría quedarse en la casa y cuidarla? No tendrá que pagar alquiler, ni facturas, solo algunas responsabilidades.

Acepta en el acto. Le halaga que se lo pidan, incluso aunque sea solo porque parece soso y de fiar. Además, si deja el apartamento de Mowbray podrá ahorrar más rápido para el pasaje a Inglaterra. Y la casa –un enorme montón de gradientes de pasillos oscuros y habitaciones húmedas que nadie usa– tiene su encanto.

Hay una pega. El primer mes tendrá que compartirla con unos invitados de los Howarth, una mujer de Nueva Zelanda y su hija de tres años.

La mujer de Nueva Zelanda resulta ser otra bebedora. Al poco de mudarse, la mujer entra en su dormitorio en plena noche y se mete en su cama. Le abraza, se aprieta contra él, le da besos húmedos. Ella no le gusta, no la desea, le repelen sus labios flácidos buscándole la boca. Primero le recorre un escalofrío, luego siente pánico.

–¡No! –chilla él–. ¡Váyase! –Y se acurruca.

Ella sale de la cama con paso inestable.

–¡Hijo de puta! –dice entre dientes, y se va.

Siguen compartiendo la enorme casa hasta final de mes, evitándose, atentos a los crujidos del suelo de madera, apartando la vista cuando sus caminos se cruzan por casualidad. Han hecho el ridículo, pero al menos ella ha sido una tonta temeraria, lo cual es perdonable, mientras que él se ha comportado como un mojigato y un bobo.

Nunca en la vida se ha emborrachado. Aborrece la embriaguez. Se va pronto de las fiestas para evitar la charla torpe, idiota, de la gente que ha bebido demasiado. En su opinión, a los conductores borrachos deberían doblarles la sentencia en lugar de reducírsela. Pero en Sudáfrica todo exceso cometido bajo la influencia del alcohol se trata con indulgencia. Los granjeros pueden azotar a sus trabajadores hasta matarlos siempre y cuando en ese momento estuvieran borrachos. Los feos pueden molestar a las mujeres, las feas pueden insinuarse; si te resistes, no estás jugando limpio.

Ha leído a Henry Miller. Si una mujer borracha se hubiera colado en la cama de Henry Miller, el folleteo y sin duda la bebida se habrían prolongado toda la noche. De haber sido Henry Miller solo un sátiro, un monstruo de apetito indiscriminado, no le habría hecho ni caso. Pero Henry Miller es un artista, y sus historias, por escandalosas que sean y por plagadas de mentiras que probablemente estén, son las historias de una vida de artista. Henry Miller escribe sobre el París de los años treinta, una ciudad de artistas y mujeres que amaban a artistas. Si las mujeres se lanzaban a los brazos de Henry Miller, entonces, *mutatis mutandis*, debían de lanzarse también a los de Ezra Pound, Ford Madox Ford, Ernest Hemingway y todos los grandes artistas que vivieron en París esos años, por no hablar de Pablo Picasso. ¿Qué hará él una vez esté en París o Londres? ¿Seguirá sin jugar limpio?

Además de su horror a la bebida, aborrece la fealdad física. Cuando lee el *Testamento* de Villon, solo puede pensar en lo fea que parece la *belle heaumière*, arrugada, sucia y malhablada. ¿Para ser artista hay que amar a las mujeres de manera indiscriminada? ¿Implica la vida del artista acostarse con todas en nombre de la vida? ¿Si eres un remilgado en el sexo, estás rechazando la vida?

Otra cuestión: ¿qué le hizo pensar a Marie, de Nueva Zelanda, que valía la pena irse a la cama con él? ¿Simplemente el hecho de que estuviera a mano, o le había oído decir a Howarth que era un poeta, un futuro poeta? A las mujeres les gustan los artistas porque arden con una llama interna, una llama que consume y, sin embargo, paradójicamente, renueva todo lo que toca. Cuando se coló en su cama, Marie debió de haber pensado que la tocaría la llama del arte y experimentaría un éxtasis imposible de explicar en palabras. En lugar de eso, un chico víctima del pánico la echó fuera de la cama. Está claro que de una u otra manera se tomará la revancha. Está claro que en la próxima carta que reciban los Howarth conocerán una versión de los hechos en la que quedará como un pánfilo.

Sabe que condenar a una mujer por fea es moralmente despreciable. Pero afortunadamente, los artistas no tienen que ser gente de moral admirable. Lo único importante es que creen gran arte. En cuanto a él, si su arte tiene que surgir de su lado más deleznable, que así sea. Las flores crecen mejor en los estercoleros, como Shakespeare no se cansa nunca de recordar. Incluso Henry Miller, que se presenta como un tipo de lo más directo, listo para hacerle el amor a cualquier mujer sin tener en cuenta su forma o su tamaño, probablemente tenga un lado oscuro que se cuida de esconder.

A la gente normal le cuesta ser mala. La gente normal, cuando notan que aflora en ellos la maldad, beben, insultan, comenten actos violentos. Para ellos la maldad es como una fiebre: quieren expulsarla de su organismo, quieren volver a la normalidad. Pero los artistas tienen que vivir con su fiebre, de la naturaleza que sea, buena o mala. La fiebre es lo que los hace artistas; hay que mantenerla con vida. Por eso los artistas nunca pueden mostrarse plenamente al mundo: tienen que tener siempre un ojo mirando a su interior. En cuanto a las mujeres que persiguen artistas, no son del todo de fiar. Puesto que así como el espíritu del artista es al tiempo llama y fiebre, la mujer que anhela el roce de las lenguas de fuego hará cuanto pueda por enfriar la fiebre y hacer que el artista tenga los pies en el suelo. Por tanto, hay que resistirse a las mujeres incluso cuando se las ama. No puede permitírseles que se acerquen a la llama lo suficiente para arrancarla.

4

En un mundo perfecto solo se acostaría con mujeres perfectas, mujeres de feminidad perfecta pero con un núcleo oscuro que respondería al yo aún más oscuro de él. Pero no conoce mujeres así. Jacqueline –en cuyo núcleo no ha detectado oscuridad alguna– ha dejado de visitarle sin previo aviso y él ha tenido la sensatez de no intentar descubrir por qué. De modo que tiene que apañárselas con otras mujeres, de hecho, con chicas que todavía no son mujeres y quizá no tengan ningún núcleo verdadero en absoluto o ninguno del que hablar: chicas que se acuestan con un hombre solo de mala gana, porque las han convencido o porque sus amigas lo hacen y no quieren quedarse atrás o porque a veces es la única manera de conservar el novio.

Deja embarazada a una. Cuando la chica telefonea para darle la noticia se queda estupefacto, helado. ¿Cómo puede haber dejado a alguien embarazada? En cierto sentido, sabe exactamente cómo. Un accidente: prisas, confusión, un lío de los que nunca aparecen en las novelas que él lee. Pero al mismo tiempo no se lo cree. En el fondo no se siente mayor que un niño de ocho años, de diez a lo sumo. ¿Cómo puede ser padre de un niño?

A lo mejor no es verdad, se dice. A lo mejor es como uno de esos exámenes que estás seguro de haber suspendido y, sin embargo, cuando salen las calificaciones resulta que después de todo no te ha ido tan mal.

Pero no va así. Otra llamada de teléfono. En un tono

pragmático, la chica le informa de que ha ido al médico. Se produce una pausa mínima, lo bastante larga para que él aproveche la oportunidad y hable. Podría decir «Te apoyaré». Podría decir «Déjamelo a mí». Pero ¿cómo puede decir que la apoyará cuando en realidad lo que significaría apoyarla le llena de aprensión, cuando siente el impulso de colgar el teléfono y salir corriendo?

Se acaba la pausa. Sabe de alguien, continúa ella, que se ocupará del problema. Ha concertado una cita para el día siguiente. ¿Está dispuesto a llevarla en coche hasta el lugar de la cita y traerla de vuelta después, porque le han advertido que después no estará en condiciones de conducir?

Se llama Sarah. Sus amigos la llaman Sally, un nombre que a él no le gusta. Le recuerda el verso «Come down to the sally gardens». ¿Qué diantre serán los «sally gardens»? Sally es de Johannesburgo, de uno de esos barrios residenciales donde la gente pasa los domingos cabalgando por sus fincas y gritándose «¡Divino!» mientras criados negros con guantes blancos les sirven las bebidas. Una infancia de montar a caballo y caerse y hacerse daño pero no llorar ha convertido a Sarah en una persona de confianza. Puede oír a su grupo de Johannesburgo diciendo «Sal es una persona de confianza». No es guapa –tiene la constitución demasiado fornida y una cara demasiado lozana–, pero está sana de pies a cabeza. Y no finge. Ahora que ha estallado el desastre, no se esconde en su habitación fingiendo que todo va bien. Al contrario, se ha enterado de lo que hacía falta enterarse –cómo abortar en Ciudad del Cabo– y se ha encargado de los trámites oportunos. De hecho, le ha dejado en evidencia.

Van a Woodstock en el pequeño coche de Sarah y aparcan delante de una hilera de adosados idénticos. Sarah baja del coche y llama a la puerta de una de las casas. Él no ve quién abre la puerta, pero solo puede ser la abortista en persona. Se imagina a las abortistas como mujeres con un aspecto ordinario y el pelo teñido, el maquillaje resquebrajado y las uñas no demasiado limpias. Le dan a la chica un vaso de ginebra sola, la tumban, luego llevan a cabo alguna manipulación innombrable dentro de ella con un alambre, algo que implica enganchar y arrastrar. Él, sentado en el coche, se estremece. ¡Quién iba a sospechar que en una casa anodina como esa, con hortensias y un enanito de yeso en el jardín, tienen lugar atrocidades así!

Pasa media hora. Se va poniendo cada vez más nervioso. ¿Será capaz de hacer lo que se le pida?

Entonces sale Sarah y la puerta se cierra tras ella. Lentamente, con aire de concentración, se dirige al coche. Cuando está más cerca la ve pálida y sudorosa. Sarah no dice nada.

La lleva a la gran casa de los Howarth y la instala en el dormitorio con vistas a Table Bay y el puerto. Le ofrece un té, una sopa, pero no quiere nada. Sarah se ha traído una maleta; se ha traído toallas y sábanas. Ha pensado en todo. Él no tiene más que estar presente, listo por si algo sale mal. Poca cosa.

Sarah pide una toalla caliente. Él mete una en el horno eléctrico. La toalla sale oliendo a chamusquina. Para cuando la sube a la habitación apenas está tibia. Pero Sarah se la coloca en el vientre y cierra los ojos, parece que le alivia.

Cada pocas horas se toma una de las pastillas que le ha dado la mujer acompañada de un vaso de agua tras otro. Por lo demás, permanece tumbada con los ojos cerrados, aguantando el dolor. Consciente de la aprensión de él, Sally le oculta las pruebas de lo que está ocurriendo en el interior de su cuerpo: los paños ensangrentados y demás.

—¿Cómo te encuentras? —pregunta él.

—Bien —musita ella.

Él no tiene ni idea de lo que hará si Sarah deja de encontrarse bien. El aborto es ilegal, pero ¿hasta qué punto? Si llamara a un médico, ¿les denunciaría a la policía?

Duerme en un colchón junto a la cama. Como enfermero es un inútil, peor que un inútil. De hecho, lo que hace no puede calificarse de cuidar a nadie. Es una simple penitencia, una penitencia estúpida e inútil.

A la mañana del tercer día, Sarah aparece en la puerta del estudio de la planta baja, pálida y tambaleante, pero completamente vestida. Está lista para irse a casa, dice.

Él la acompaña en coche a la habitación donde vive, llevando la maleta y la bolsa que presumiblemente contiene las toallas y las sábanas ensangrentadas.

–¿Quieres que me quede un rato?

Ella dice que no con la cabeza.

–Estaré bien –contesta.

Él la besa en la mejilla y se va a casa a pie.

No ha habido por parte de ella ninguna reprobación, ninguna exigencia; incluso ha pagado el aborto. De hecho, Sarah le ha dado una lección de maneras. En cuanto a él, se ha comportado de forma vergonzosa, imposible negarlo. La poca ayuda que le ha prestado ha sido pusilánime y, lo que es peor, incompetente. Reza para que Sarah no se lo cuente nunca a nadie.

No para de pensar en lo que han destruido dentro del cuerpo de Sarah: en el bulto de sangre, el cuerpecillo carnoso. Ve a la pequeña criatura desapareciendo por el inodoro de la casa de Woodstock, girando en el laberinto de cloacas, lanzada finalmente a algún bajío, parpadeando bajo la repentina luz del sol, peleando contra las olas que la empujarán hacia la bahía. Antes no quería vivir y ahora no quiere morir. Sin embargo, aunque saliera corriendo hacia la playa, encontrara la criatura y la salvara del mar, ¿qué haría con ella? ¿Llevarla a casa, darle calor entre algodones, intentar criarla? ¿Cómo podría él, que todavía es un niño, criar a otro?

Anda muy perdido. Apenas acaba de poner el pie en el mundo y ya se ha anotado una muerte en su contra. ¿Cuántos de los hombres con los que se cruza por la calle cargan con niños muertos como patucos colgados del cuello?

Preferiría no volver a ver a Sarah. Si se quedara solo quizá lograra recuperarse, volver a ser el de antes. Pero se pasa todos los días por la habitación de Sarah y se sienta a darle la mano para consolarla durante un rato decoroso. Si no tiene nada que decir es porque carece del valor necesario para preguntarle a ella lo que le ocurre por dentro. ¿Será como una enfermedad, se pregunta, de la que se está recuperando, o como una amputación de la que uno nunca llega a recuperarse? ¿Cuál es la diferencia entre un aborto provocado y uno natural y lo que en los libros llaman perder el niño? En los libros, la mujer que pierde el niño se aísla del mundo y llora su pérdida. ¿Estará Sarah pendiente de entrar en la fase de llorar la pérdida? ¿Y él? ¿También él la llorará? ¿Durante cuánto tiempo se llora, en el caso de que se llore? ¿Se acaba alguna vez de llorar y vuelve uno a ser el mismo de antes, o se lamenta siempre la pérdida de la cosita que cabecea entre el oleaje frente a Woodstock, como el joven grumete que cayó por la borda sin que nadie lo echara en falta? «¡Bua, bua!» llora el grumete que no se hundirá ni será apaciguado.

Para conseguir más dinero, acepta una segunda tutoría por las tardes en el departamento de matemáticas. Los alumnos de primero que asisten a la tutoría pueden hacerle preguntas sobre matemáticas aplicadas, así como de matemáticas puras. Con un solo año de matemáticas aplicadas cursado, apenas sabe más que los estudiantes a los que se supone que debe ayudar: tiene que pasarse varias horas a la semana preparándose.

Aunque no atiende más que a sus propios asuntos, no puede evitar darse cuenta de que el país vive en una gran confusión. Las leyes de paso, a las que única y exclusivamente están sujetos los africanos, se están endureciendo aún más y las protestas se generalizan. La policía dispara a la muchedumbre en el Transvaal, y luego, enloquecidos, siguen disparando por la espalda a hombres, mujeres y niños que huyen del lugar. El asunto le asquea de principio a fin: las leyes en sí mismas; la policía macarra; el gobierno, que defiende ruidosamente a los asesinos y denuncia a los muertos; y la prensa, demasiado asustada para dar la cara y decir lo que cualquiera con ojos en la cara puede ver.

Tras la matanza de Sharpeville nada vuelve a ser lo mismo. Incluso en la pacífica Ciudad del Cabo se producen huelgas y manifestaciones. Dondequiera que se organice una manifestación hay policías armados por los alrededores, esperando una excusa para disparar.

La situación llega al punto crítico una tarde mientras él imparte una tutoría. El aula está en silencio; él patrulla de un pupitre a otro comprobando cómo se las arreglan los estudiantes con los ejercicios, intentado ayudar a los que se encuentran en dificultades. La puerta se abre de pronto. Uno de los profesores adjuntos entra a grandes zancadas y da un golpe en la mesa. «¡Presten atención!», grita. Le falla la voz por los nervios y tiene la cara enrojecida. «¡Dejen los bolígrafos y préstenme atención, por favor! En estos momentos, una manifestación de trabajadores recorre De Waal Drive. Por razones de seguridad, se me pide que les comunique que hasta nuevo aviso nadie está autorizado a salir del campus. Repito: no puede salir nadie. Órdenes de la policía. ¿Alguna pregunta?»

Hay como mínimo una pregunta, pero no es el momento oportuno para plantearla: ¿adónde está yendo a parar el país cuando uno no puede dar una tutoría de matemáticas en paz? En cuanto a la orden policial, no cree ni por un momento que la policía esté acordonando el campus por el bien de los estudiantes. Lo acordonan para que los estudiantes de este consabido hervidero de izquierdismo no se sumen a la protesta, así de simple.

No hay ninguna posibilidad de continuar con la tutoría de matemáticas. Un murmullo de conversaciones llena la sala; los estudiantes están recogiendo sus cosas excitados, ansiosos por enterarse de lo que ocurre.

Sigue al gentío hasta el terraplén que da a De Waal Drive. Han cortado el tráfico. Los manifestantes se aproximan por Woolsack Road formando una gruesa serpiente, en columna de diez o veinte en fondo, y luego giran hacia el norte por la autopista. Son hombres, la mayor parte vestidos con ropas monótonas —sobretodos, abrigos de excedentes del ejército, gorras de lana–, algunos llevan palos, todos marchan rápido, en silencio. La vista no alcanza el final de la columna. Si fuera policía, estaría asustado.

«Es el CPA», dice un estudiante de color a su lado. Le brillan los ojos, tiene una mirada concentrada. ¿Está en lo cierto? ¿Cómo lo sabe? ¿Debería uno reconocer ciertos signos? El CPA no es como el CNA. Es peor señal. «¡África para los africanos! –proclama el CPA–. ¡Al mar con los blancos!»

La columna de hombres se abre camino colina arriba, por millares. No parece un ejército, pero lo es, un ejército surgido de repente de los arrabales de Cape Flats. ¿Qué harán cuando lleguen a la ciudad? Sea lo que sea, no hay policías suficientes en el país para detenerlos, ni balas suficientes para matarlos.

Cuando tenía doce años lo metieron en un autobús lleno de colegiales y los condujeron a la calle Adderley, donde les dieron banderas tricolores de papel anaranjado, blanco y azul y les dijeron que las ondearan al paso del desfile de carrozas (Jan van Riebeeck y su esposa con sobrios trajes burgueses, voortrekkers con mosquete, el corpulento Paul Kruger). Trescientos años de historia, trescientos años de civilización cristiana en la punta de África, decían los políticos en sus discursos: demos gracias al Señor. Ahora, ante sus ojos, el Señor está retirando su mano protectora. Contempla deshacerse la historia a la sombra de la montaña.

En el silencio que le envuelve, entre esos productos pulidos y bien vestidos del Instituto Masculino Rondebosch y la Escuela Diocesana, esos jóvenes que hace media hora se ocupaban en calcular ángulos de vector y soñar con sus carreras de ingenieros civiles, siente la misma sacudida de consternación. Esperaban disfrutar de un espectáculo, reírse de una procesión de jardineros, no contemplar este lúgubre huésped. Les han arruinado la tarde; ya solo quieren irse a casa, tomarse un bocadillo y una Coca-Cola y olvidar lo ocurrido.

¿Y él? No es diferente. ¿Seguirán zarpando los barcos mañana?, es lo único en lo que piensa. ¡Tengo que salir de aquí antes de que sea demasiado tarde!

Al día siguiente, cuando todo ha terminado y los manifestantes se han marchado a casa, los periódicos encuentran modos de abordar el incidente. «Dar rienda suelta a la rabia contenida», lo llaman. «Una más de las numerosas marchas de protesta que siguen la estela de Sharpeville. Disgregada –dicen– gracias (por una vez) a la sensatez policial y la cooperación de los líderes de los manifestantes. El gobierno –dicen– haría bien en tomar nota.» Así minimizan el acontecimiento, presentándolo como menos importante de lo que es. No está decepcionado. Al menor silbido, el mismo ejército de hombres de las chozas y barracas de Cape Flats se alzará, más fuerte que antes, más numeroso. Armado, además, con pistolas chinas. ¿Qué esperanza hay en enfrentarse a ellos cuando no se cree en lo que se defiende?

Está la cuestión de la Fuerza de Defensa. Cuando acabó el colegio reclutaban solo a uno de cada tres muchachos blancos para el servicio militar. Ahora todo está cambiando. Hay normas nuevas. En cualquier momento puede encontrarse una notificación de reclutamiento en el buzón: «Debe presentarse en el Castillo a las 9.00 horas de tal día. Traiga únicamente sus artículos de aseo». Voortrekkerhoogte, en algún lugar del Transvaal, es el campamento del que más ha oído hablar. Es donde envían a los reclutas de Ciudad del Cabo, lejos del hogar, para domarlos. En menos de una semana podría encontrarse tras una alambrada en Voortrekkerhoogte, compartiendo tienda con matones afrikáners, comiendo carne de vaca enlatada, escuchando a Johnnie Ray en Radio Springbok. No podría soportarlo; se cortaría las venas. Solo le queda un camino: la huida. Pero ¿cómo huir antes de licenciarse? Sería como iniciar un largo viaje, el viaje de toda una vida, sin ropa, sin dinero, sin (la comparación se le ocurre de más mala gana) armas.

5

Es tarde, pasada la medianoche. Está tumbado en el sofá de la habitación alquilada de su amigo Paul en Belsize Park, en el saco de dormir azul descolorido que se ha traído de Sudáfrica. En el otro extremo del cuarto, en la cama de verdad, Paul ha empezado a roncar. Entre las cortinas vislumbra el cielo nocturno, de un anaranjado como de sodio con tintes violeta. Aunque se ha tapado los pies con un cojín, siguen helados. No importa: está en Londres.

Hay dos, tal vez tres lugares en el mundo donde se puede vivir con intensidad plena: Londres, París, quizá Viena. París va primero: es la ciudad del amor, la ciudad del arte. Pero para vivir en París tienes que haber estudiado en el tipo de colegio de clase alta donde enseñan francés. En cuanto a Viena, Viena es para los judíos que regresan a reclamar sus derechos de nacimiento: positivismo lógico, música dodecafónica, psicoanálisis. Queda Londres, donde los sudafricanos no necesitan papeles y la gente habla inglés. Puede que Londres sea glacial, laberíntica y fría, pero tras sus muros intimidatorios hombres y mujeres trabajan escribiendo libros, pintando cuadros, componiendo música. Uno se cruza con ellos a diario por la calle sin adivinar su secreto gracias a la famosa y admirable discreción británica.

Por compartir la habitación, consistente en un dormitorio y un anexo con cocina de gas y fregadero con agua fría (en el piso de arriba están el baño y el retrete que usa toda la casa), paga a Paul dos libras por semana. Todos sus ahorros, que ha traído consigo de Sudáfrica, ascienden a ochenta y cuatro libras. Tiene que encontrar un trabajo inmediatamente.

Acude a las oficinas municipales y apunta su nombre en una lista de profesores en paro listos para cubrir vacantes a corto plazo. Le envían a una entrevista de trabajo en una escuela de secundaria de Barnet, al final de la Northern Line. Él se ha licenciado en matemáticas e inglés. El director quiere que enseñe ciencias sociales; además, debería supervisar las clases de natación dos tardes a la semana.

—Pero si yo no sé nadar —objeta.

—Pues entonces tendrá que aprender, ¿no le parece? —dice el director.

Sale de las instalaciones escolares con un ejemplar del libro de ciencias sociales bajo el brazo. Tiene el fin de semana para preparar la primera clase. Para cuando llega a la estación, se maldice a sí mismo por haber aceptado el trabajo. Pero es demasiado cobarde para regresar y anunciar que ha cambiado de opinión. Devuelve el libro de texto con una nota desde la oficina de correos de Belsize Park: «Sucesos inesperados me impiden cumplir con mis obligaciones. Ruego acepte mis más sinceras disculpas».

Un anuncio en el *Guardian* le lleva hasta Rothamsted, la explotación rural en las afueras de Londres donde solían trabajar Halsted y MacIntyre, autores de *El diseño de experimentos estadísticos*, uno de sus libros de texto universitarios. La entrevista, precedida de una visita por los jardines e invernaderos de la explotación, va bien. El puesto que ha solicitado es de agente de experimentos subalterno. Las obligaciones de un AES, le explican, consisten en preparar las cuadrículas para las plantaciones de ensayo, anotar producciones según regímenes distintos y luego analizar los datos en el ordenador de la explotación, todo ello bajo la supervisión de uno de los agentes jefe. El trabajo agrícola lo llevan a cabo jardineros supervisados por agentes agrícolas; no se espera de él que se manche las manos.

A los pocos días recibe una carta confirmando que ha sido aceptado para el puesto con un salario de seiscientas libras anuales. No puede contener la alegría. ¡Menuda suerte! ¡Trabajar en Rothamsted! ¡En Sudáfrica no se lo creerán! Hay una pega. La carta termina así: «Puede conseguirse alojamiento en el pueblo o en las viviendas subvencionadas por el ayuntamiento». Contesta por correo: acepta la oferta, dice, pero preferiría seguir viviendo en Londres. Irá a Rothamsted en tren.

Recibe una llamada telefónica de la oficina de personal. Le explican que no puede ir y venir de Londres a diario. Lo que se le ofrece no es un trabajo de oficina con horario regular. Algunas mañanas tendrá que empezar muy temprano; otras veces tendrá que trabajar hasta tarde o en fin de semana. Por tanto, como todos los demás agentes, deberá residir cerca de la explotación. ¿Hará el favor de reconsiderar la situación y comunicarles lo que finalmente decida?

Su victoria hecha añicos. ¿Qué sentido tiene ir de Ciudad del Cabo hasta Londres para alojarse en una vivienda municipal subvencionada a varias millas de la ciudad y levantarse al romper el alba a medir la altura de las judías? Quiere unirse al equipo de Rothamsted, quiere descubrirle una utilidad a las matemáticas con las que ha trabajado durante años, pero también quiere acudir a recitales de poesía, conocer a escritores y pintores, tener aventuras amorosas. ¿Cómo iba a conseguir que la gente de Rothamsted —hombres con chaqueta de tweed que fuman en pipa, mujeres de pelo greñudo y grasiento con gafas de sabihondas— lo entendiera? ¿Cómo podría pronunciar delante de ellos palabras como «amor», «poesía»?

Sin embargo, ¿cómo rechazar la oferta? Está muy cerca de conseguir un trabajo de verdad, y en Inglaterra, además. Le basta con decir una palabra —«Sí»— y podrá escribirle a su madre las noticias que ella está esperando escuchar, en concreto que su hijo gana un buen sueldo en una ocupación respetable. Entonces su madre a su vez podrá telefonear a las hermanas del padre de él y anunciar: «John trabaja como científico en Inglaterra». Eso pondría fin a sus críticas y comentarios mordaces. Científico: ¿qué puede haber más sólido que eso?

Solidez es lo que siempre le ha faltado. La solidez es un talón de Aquiles. Inteligencia no le falta (aunque no es tan inteligente como su madre cree y como él mismo pensaba antes); pero nunca ha sido una persona sólida. Rothamsted le daría, si no solidez, o no de inmediato, por lo menos un título, un despacho, una estructura.

Agente de experimentos subalterno, después un día agente de experimentos, agente jefe de experimentos: seguro que detrás de una pantalla tan eminentemente respetable, en privado, en secreto, podrá seguir con la labor de transmutar la experiencia en arte, la labor para la que fue traído al mundo.

Es el argumento a favor de la explotación agrícola. El argumento en contra de la explotación agrícola es que no está en Londres, ciudad del romance.

Escribe a Rothamsted. Tras una madura reflexión, dice, y teniendo en cuenta todas las circunstancias, cree que es mejor declinar la oferta.

Los periódicos están llenos de anuncios en busca de programadores informáticos. Se recomienda tener una licenciatura en ciencias, pero no es imprescindible. Ha oído hablar de la programación informática, pero no tiene una idea clara de lo que es. Nunca ha visto un ordenador, excepto en los dibujos animados, donde los ordenadores son objetos parecidos a una caja que escupen rollos de papel. Que él sepa, en Sudáfrica no hay ordenadores.

Responde al anuncio de IBM, puesto que IBM es la mejor y la mayor empresa del ramo, y acude a una entrevista vestido con el traje negro que compró antes de salir de Ciudad del Cabo. El entrevistador de IBM, un hombre de treinta y tantos años, también lleva un traje negro, pero más elegante y de mejor corte.

Lo primero que quiere saber el entrevistador es si ha dejado Sudáfrica para siempre.

—Así es —replica él.

—¿Por qué? —pregunta el entrevistador.

—Porque el país se encamina a la revolución —contesta.

Se produce un silencio. «Revolución»: tal vez no sea la palabra adecuada para los salones de IBM.

—¿Y cuándo diría usted —pregunta el entrevistador— que tendrá lugar esa revolución?

Tiene la respuesta preparada.

—Dentro de cinco años.

Es lo que dice todo el mundo desde lo de Sharpeville. Sharpeville marcó el principio del fin del régimen blanco, del cada vez más desesperado régimen blanco.

Después de la entrevista pasa un test de coeficiente intelectual. Siempre ha disfrutado con este tipo de test, siempre los ha hecho bien. Por lo general se le dan mejor los tests, concursos y exámenes que la vida real.

Al cabo de unos días, IBM le ofrece un puesto de aprendiz de programador. Si le va bien en el cursillo de formación y luego supera el período de prueba, se convertirá primero en programador propiamente dicho y luego, algún día, en programador jefe. Iniciará su carrera en IBM en la oficina de procesamiento de datos de la calle Newman, junto a la calle Oxford, en el corazón del West End. El horario es de nueve a cinco. El salario inicial será de setecientas libras anuales.

Acepta las condiciones sin dudarlo.

El mismo día pasa junto a un cartel en el metro de Londres, un anuncio de trabajo. Se admiten solicitudes para el puesto de aprendiz de jefe de estación, con un salario de setecientas libras al año. Titulación mínima requerida: certificado escolar. Edad mínima: veintiún años.

¿Es que en Inglaterra todos los trabajos se pagan igual?, se pregunta. De ser así, ¿qué sentido tiene licenciarse?

En el cursillo de programación se encuentra con otros dos aprendices —una chica de Nueva Zelanda bastante atractiva y un joven londinense con la cara llena de granos— y con una docena más o menos de clientes de IBM, hombres de negocios. Por derecho debería ser el mejor del grupo, él y quizá la chica de Nueva Zelanda, que también está licenciada en matemáticas; pero de hecho le cuesta entender las clases y no le van bien los ejercicios escritos. Al final de la primera semana hacen un examen, que pasa por los pelos. El instructor no está contento con él y no duda en manifestarlo. Está metido en el mundo de los negocios, y en el mundo de los negocios, descubre, no hay necesidad de ser educado.

La programación tiene algo que le desconcierta y, sin embargo, ni siquiera los hombres de negocios de la clase parecen tener problemas. Inocentemente había imaginado que la programación informática trataría sobre los modos de traducir la lógica simbólica y la teoría a códigos digitales. En cambio, solo se habla de inventarios y salidas de efectivo, de cliente A y cliente B. ¿Qué son los inventarios y las salidas de efectivo, y qué tienen que ver con las matemáticas? Lo mismo podría ser un oficinista clasificando fichas; lo mismo podría ser un aprendiz de jefe de estación.

Al final de la tercera semana se presenta al examen final, aprueba con resultados mediocres y se gradúa para poder trasladarse a la calle Newman, donde lo destinan a una sala con otros nueve programadores jóvenes. Todo el mobiliario de la oficina es de color gris. En el cajón del escritorio encuentra papel, una regla, lápices, un sacapuntas y una pequeña agenda con cubiertas de plástico negro. En la tapa, en mayúsculas, pone PIENSA. PIENSA es el lema de IBM. Lo que tiene de especial IBM, deduce, es su constante compromiso con el hecho de pensar. Los empleados deben pensar todo el tiempo, y así vivir de acuerdo con los ideales del fundador de IBM, Thomas J. Watson. Los empleados que no piensan no pertenecen a IBM, que es la aristocracia del mundo de los negocios de las máquinas. En las oficinas centrales de White Plains, en Nueva York, IBM posee un laboratorio donde se llevan a cabo investigaciones en ciencia informática más punteras que en todas las universidades del mundo juntas. Los científicos de White Plains ganan más que los profesores de universidad y consiguen cualquier cosa que puedan necesitar. Todo lo que tienen que hacer a cambio es pensar.

Aunque el horario de la agencia de la calle Newman es de nueve a cinco, pronto descubre que miran con mala cara a los empleados que dejan las instalaciones a las cinco en punto. Las empleadas con familia a la que atender pueden marcharse a las cinco sin reproches; de los hombres se espera que trabajen al menos hasta las seis. Cuando hay un trabajo urgente cabe la posibilidad de que tengan que trabajar toda la noche, con una pausa para ir al pub a comer algo. Como a él no le gustan los pubs, se limita a trabajar sin descanso. Rara vez llega a casa antes de las diez.

Está en Inglaterra, en Londres; tiene trabajo, un trabajo como Dios manda, mejor que la enseñanza, por el que le pagan un sueldo. Ha escapado de Sudáfrica. Todo va bien, ha alcanzado su primer objetivo, debería estar contento. De hecho, a medida que pasan las semanas, se siente más y más abatido. Tiene ataques de pánico, que le cuesta superar. En la oficina no hay nada más que superficies metálicas a la vista. Bajo el destello sin sombra de la iluminación de neón, siente su alma amenazada. El edificio, un bloque de hormigón y cristal desnudos, parece desprender un gas inodoro, incoloro, que se le cuela en la sangre y lo atonta. IBM, podría jurarlo, le está matando, le está convirtiendo en un zombi.

Pero no puede rendirse. Escuela de secundaria Barnet Hill, Rothamsted, IBM: no se atreve a fracasar por tercera vez. Fracasar sería demasiado propio de su padre. El mundo real le ha puesto a prueba por medio de la agencia gris y sin corazón de IBM. Debe endurecerse y resistir.

6

Se refugia de IBM en el cine. El Everyman de Hampstead le abre los ojos a películas de todo el mundo, realizadas por directores cuyos nombres le resultan nuevos. Va a ver todo el ciclo de Antonioni. En una película titulada *El eclipse*, una mujer deambula por las calles de una ciudad desierta, bañada por el sol. La mujer está inquieta, ansiosa. No acaba de estar claro lo que le causa ansiedad; su cara no revela nada.

La mujer es Monica Vitti. Con sus piernas perfectas, sus labios sensuales y su mirada abstraída, Monica Vitti le persigue; se enamora de ella. Sueña que, de entre todos los hombres del mundo, él es el elegido para darle consuelo y solaz. Llaman a la puerta. Monica Vitti está de pie frente a él, pidiendo silencio con un dedo en los labios. Él da un paso adelante, la abraza. El tiempo se detiene; Monica Vitti y él son uno solo.

Pero ¿es el amante que Monica Vitti busca? ¿Calmará la ansiedad de Monica Vitti mejor que los hombres de las películas? No está seguro. Incluso si encontrara una habitación para los dos, un lugar secreto en algún barrio londinense tranquilo y dominado por la niebla, sospecha que ella seguiría escabulléndose de la cama a las tres de la madrugada para sentarse a la mesa iluminada por una única lámpara, perturbadora, presa de la ansiedad.

La ansiedad que sufren Monica Vitti y otros personajes de Antonioni es de un tipo que no le resulta familiar. De hecho, no se trata de ansiedad en absoluto, sino de algo más profundo: angustia. A él le gustaría probar la angustia, aunque solo sea para saber cómo es. Pero, por mucho que lo intente, no encuentra en su corazón nada reconocible como angustia. La angustia parece ser una cosa europea, totalmente europea; en Inglaterra todavía está por llegar, no digamos ya en las colonias de Inglaterra.

En un artículo del *Observer* se explica la angustia del cine europeo como una emanación de la incertidumbre derivada de la muerte de Dios. No le convence. No puede creer que lo que empuja a Monica Vitti hacia las calles de Palermo bajo la furiosa esfera solar, cuando lo mismo podría quedarse en la fresca habitación de un hotel y que un hombre le hiciera el amor, es la bomba de hidrógeno o el fracaso de Dios en su intento de hablar con ella. Cualquiera que sea la verdadera explicación, tiene que ser más compleja.

La angustia también corroe a los personajes de Bergman. Es la causa de su soledad irremediable. Sin embargo, en relación a la angustia de Bergman, el *Observer* recomienda no tomársela demasiado en serio. Huele a pretenciosidad, dice el *Observer*; se trata de una afectación no sin cierta conexión con los largos inviernos nórdicos, las noches de excesos alcohólicos y las resacas.

Empieza a pensar que incluso los periódicos supuestamente liberales —el *Guardian*, el *Observer*— se muestran hostiles a la vida del espíritu. Ante algo profundo y serio enseguida adoptan un aire despectivo, se lo quitan de en medio con agudezas. Solo en cotos minúsculos como el «Third Programme» se toma en serio el arte nuevo: la poesía americana, la música electrónica, el expresionismo abstracto. La Inglaterra moderna está resultando ser un país inquietantemente ignorante, muy poco diferente de la Inglaterra de W. H. Henley y las marchas de *Pompa y Circunstancia* contra las que Ezra Pound abominaba en 1912.

¿Qué está haciendo, entonces, en Inglaterra? ¿Cometió un gran error al venir? ¿Es demasiado tarde para mudarse? ¿Se sentiría más a gusto en París, ciudad de artistas, si lograra aprender francés? ¿Y Estocolmo? Sospecha que espiritualmente en Estocolmo se sentiría como en casa. Pero ¿qué pasa con el sueco? ¿Y cómo se ganaría la vida? En IBM tiene que guardarse sus fantasías sobre Monica Vitti para sí, y también el resto de veleidades artísticas. Por razones que no acaba de ver claras, se ha hecho muy amigo de un colega programador llamado Bill Briggs. Bill Briggs es bajo y está lleno de granos; tiene una novia llamada Cynthia con la que se va a casar; espera con ilusión pagar la entrada para un adosado en Wimbledon. Mientras que los otros programadores hablan con acento de escuela privada imposible de ubicar geográficamente y comienzan el día hojeando las páginas financieras del *Telegraph* para comprobar el precio de las acciones, Bill Briggs tiene un marcado acento de Londres e invierte su dinero en una cuenta de ahorro para la vivienda.

Pese a sus orígenes, no hay razón para que Bill Briggs no tenga éxito en IBM. IBM es una empresa norteamericana, que no tolera la jerarquía de clases británica. Ahí radica la fuerza de IBM: hombres de todo tipo pueden alcanzar la cima porque lo único que le importa a IBM es la lealtad y el trabajo duro y concentrado. Bill Briggs trabaja duro y guarda una lealtad incuestionable a IBM. Más aún, Bill Briggs parece captar los objetivos más generales de IBM y del centro de procesamiento de datos de la calle Newman, que es más de lo que puede decirse de él.

Los trabajadores de IBM reciben talonarios con vales para almorzar. Por un vale de tres libras con seis peniques se consigue una comida bastante decente. Él se inclina por el bar-restaurante Lyons, en Tottenham Court Road, con barra libre de ensaladas. Pero el Schmidt's de la calle Charlotte es la presa preferida por los programadores de IBM. De manera que va al Schmidt's con Bill Briggs y come escalope a la milanesa o estofado de liebre. Para variar, a veces van al Athena de la calle Goodge a comer musaka. Después de almorzar, si no llueve, dan un breve paseo por la calle antes de regresar al trabajo.

La gama de temas que él y Bill Briggs han acordado de forma tácita no abordar en sus conversaciones es tan amplia que le sorprende que quede alguno. No hablan sobre sus deseos y aspiraciones. No dicen nada de sus vidas privadas, sus familias o su infancia, ni de política, religión o arte. El fútbol sería aceptable si no fuera por el hecho de que él no sabe nada de los equipos ingleses. Así que les quedan el tiempo, las huelgas de tren, los precios de la vivienda e IBM: los planes de futuro de IBM, los clientes de IBM y los planes de los mismos, quién dice qué en IBM. Basta para una conversación aburrida, pero tiene su contrapartida. Hace dos meses escasos era un provinciano ignorante desembarcando bajo la llovizna en los muelles de Southampton. Ahora está en el corazón de Londres, imposible de distinguir de cualquier otro oficinista londinense con su uniforme negro, intercambiando opiniones sobre temas cotidianos con un londinense de pura sangre, superando con éxito todas las convenciones de la conversación. Pronto, si continúa progresando y pronuncia con cuidado las vocales, nadie le dedicará una segunda mirada. Entre la multitud pasaría por londinense, y hasta puede que, a su debido tiempo, por inglés.

Ahora que tiene ingresos puede alquilar una habitación para él solo en una casa junto a Archway Road, en la zona norte. La habitación está en el segundo piso, con vistas a un depósito de agua. Tiene un calentador de gas y un pequeño hueco con una cocina de gas y estanterías para la comida y la vajilla. El contador está en un rincón: metes un chelín y obtienes gas por valor de un chelín.

Su dieta no varía: manzanas, gachas de avena, pan y queso y unas salchichas especiadas llamadas «chipolatas», que fríe en la cocina. Prefiere las chipolatas a las salchichas normales porque no necesitan nevera. Tampoco rezuman grasa al freírlas. Sospecha que llevan un montón de harina de patata mezclada con la carne. Pero la harina de patata no hace daño a nadie.

Como por la mañana se va temprano y vuelve a casa tarde, apenas ve a los otros inquilinos. Enseguida se establece una rutina. Pasa los sábados de librerías, museos y cines. Los domingos lee el *Observer* en la habitación, y luego sale a dar una vuelta por el Heath o va a ver una película.

Las tardes de los sábados y los domingos son lo peor. La soledad, que normalmente consigue mantener bajo control, se le echa encima, una soledad indistinguible del tiempo deprimente, gris y húmedo de Londres o del frío duro como el metal de los pavimentos. Nota que la cara se le vuelve rígida y estúpida por el mutismo; hasta IBM y sus intercambios de mero formulismo son mejor que ese silencio.

Tiene la esperanza de que de las multitudes anodinas entre las que se mueve emergerá una mujer que responderá a su mirada fugaz, se deslizará en silencio a su lado, regresará con él (todavía sin decir palabra; ¿cuál podría ser la primera?: es inimaginable) a su habitación alquilada, le hará el amor, se desvanecerá en la oscuridad, reaparecerá a la noche siguiente (él estará sentado leyendo, se oirá un golpe en la puerta), le abrazará de nuevo, otra vez, con las campanadas de medianoche se desvanecerá y seguirá así, transformando su vida y liberando un torrente de versos reprimidos al estilo de los *Sonetos de Orfeo* de Rilke.

Llega una carta de la Universidad de Ciudad del Cabo. Por la excelencia de sus exámenes de licenciatura, dice, se le ha concedido una beca de doscientas libras para estudios de posgrado.

La cantidad es, con mucho, demasiado pequeña para permitirle entrar en una universidad inglesa. De todos modos, ahora que ha encontrado trabajo no puede plantearse dejarlo. A menos que rechace la beca, le queda una única opción: inscribirse en la Universidad de Ciudad del Cabo como estudiante de un máster *in absentia*. Rellena el formulario de inscripción. Tras meditarlo debidamente, rellena la casilla «Área de estudio» con «Literatura». Estaría bien poner «Matemáticas», pero la verdad es que no es lo bastante listo para seguir con las matemáticas. Tal vez la literatura no sea tan noble como las matemáticas, pero al menos no le intimida. En cuanto al tema de investigación, fantasea con la idea de proponer los *Cantos* de Ezra Pound, pero al final se decanta por las novelas de Ford Madox Ford. Al menos para leer a Ford no hace falta saber chino. Ford, nacido Hueffer, nieto del pintor Ford Madox Brown, publicó su primer libro en 1891 a los dieciocho años de edad. En adelante y hasta 1939, fecha de su muerte, se ganó el pan por medios exclusivamente literarios. Pound le llamó el estilista más grande de la prosa de su tiempo y vilipendió al público inglés por dejarlo de lado. Por el momento, él ha leído cinco novelas de Ford —*El buen soldado* y los cuatro volúmenes que constituyen *No más desfiles*—, y está convencido de que Pound tiene razón. Le deslumbra la complicada cronología escalonada de los argumentos de Ford, la astucia con que una nota, casual y repetida toscamente, se revela capítulos más adelante como un tema fundamental. También le conmueve el amor entre Christopher Tietjens y la jovencísima Valentine Wannop, un amor que Tietjens se abstiene de consumar pese a la buena disposición de Valentine porque (dice Tietjens) no se debe ir por ahí desflorando vírgenes. La actitud de lacónica decencia elemental de Tietjens le parece del todo admirable, la quintaesencia del inglés.

Si Ford pudo escribir cinco obras maestras como esas, se dice a sí mismo, seguro que todavía quedan otras, no reconocidas, entre el corpus creciente y solo catalogado de sus escritos, obras maestras que él puede ayudar a sacar a la luz. Se embarca de inmediato en la lectura de la obra completa de Ford, se pasa sábados enteros en la sala de lectura del British Museum, además de las dos tardes por semana en que la sala abre hasta tarde. Aunque las obras primerizas resultan decepcionantes, sigue adelante, excusando a Ford porque todavía debía de estar aprendiendo.

Un sábado se pone a charlar con la lectora de la mesa contigua y toman juntos el té en la cafetería del museo. Ella se llama Anna; es de origen polaco y todavía habla con un suave deje. Le cuenta que trabaja como investigadora; las visitas a la sala de lectura forman parte de su trabajo. En la actualidad está buscando material para una biografía de John Speke, descubridor del nacimiento del Nilo. Por su parte, él le habla de Ford y de la colaboración de Ford con Joseph Conrad. Charlan del tiempo que Conrad pasó en África, de sus primeros años de vida en Polonia y de su posterior aspiración a convertirse en un señorito inglés.

Mientras conversan él se pregunta: ¿Es un presagio que él, un estudioso de F. M. Ford, se encuentre en la sala de lectura del British Museum a una compatriota de Conrad? ¿Es Anna su elegida del destino? Desde luego, no es ninguna belleza: es mayor que él; tiene la cara huesuda, incluso demacrada; viste prácticos zapatos planos y falda gris sin forma. Pero ¿quién dice que él merezca algo mejor?

Está a punto de pedirle una cita, tal vez para ir al cine, pero le falta valor. ¿Y si, a pesar de habérsele declarado, no hay chispa? ¿Cómo se libraría de forma digna?

Hay otros habituales de la sala de lectura tan solitarios, sospecha, como él mismo. Un indio de cara picada, por ejemplo, que huele a forúnculos y vendas. Parece que cada vez que va al lavabo el indio le sigue, a punto de hablarle, pero incapaz de atreverse.

Al final, un día, mientras se lavan las manos, el hombre le habla. «¿Es del King's College?», le pregunta rígido. «No —contesta—, de la Universidad de Ciudad del Cabo.» «¿Le apetece tomar un té?», pregunta el hombre.

Se sientan juntos en la cafetería; el hombre se lanza a dar explicaciones sobre su investigación, que trata sobre la composición social del público del Globe Theatre. Aunque no le interesa especialmente, le presta atención lo mejor que puede.

La vida de la mente, piensa para sí: ¿a eso es a lo que nos hemos dedicado, yo y esos otros trotamundos solitarios en las entrañas del British Museum? ¿Nos espera alguna recompensa? ¿Se disipará nuestra soledad, o la vida de la mente es en sí misma una recompensa?

7

Son las tres de la tarde del sábado. Lleva en la sala de lectura desde que han abierto, leyendo *Mr. Humpty Dumpty* de Ford, una novela tan tediosa que tiene que esforzarse por permanecer despierto. Falta poco para que la sala de lectura cierre por hoy, todo el gran museo cerrará. Los domingos la sala de lectura no abre; entre hoy y el próximo sábado, la lectura será cuestión de una hora robada aquí y allá al final del día. ¿Debería seguir al pie del cañón hasta la hora de cierre aunque bostece sin parar? De todos modos, ¿qué sentido tiene su empeño? ¿En qué beneficia a un programador informático, si es que la programación va a ser su vida, tener un máster en literatura inglesa? ¿Y dónde están las obras maestras desconocidas que iba a descubrir? Desde luego, *Mr. Humpty Dumpty* no es una de ellas. Cierra el libro, recoge sus cosas.

Fuera, la luz del día se apaga. Recorre con dificultad la calle Great Russell en dirección a Tottenham Court Road, y luego gira hacia el sur camino de Charing Cross. La mayor parte del gentío que llena las aceras son jóvenes. En sentido estricto son sus contemporáneos, pero no se siente así. Se siente de mediana edad, de mediana edad prematura: uno de esos eruditos exhaustos, hinchados, sin sangre, cuya piel se escama al menor roce. Más adentro sigue siendo un niño, desconocedor de cuál es su lugar en el mundo, asustado, indeciso. ¿Qué está haciendo en esta inmensa ciudad fría donde el mero hecho de seguir vivo significa mantenerse en tensión todo el tiempo, intentando no hundirse?

Las librerías de Charing Cross Road abren hasta las seis. Hasta las seis tiene a donde ir. Después se encontrará a la deriva entre los buscadores de diversión del sábado por la noche. Sigue al gentío durante un rato, fingiendo que también busca diversión, fingiendo que va a alguna parte, a ver a alguien; pero al final tendrá que rendirse y coger el último tren a Archway y a la soledad de su cuarto.

Foyles, la librería cuyo nombre se conoce incluso en Ciudad del Cabo, ha resultado decepcionante. Está claro que la fanfarronada de que Foyles almacena todos los libros publicados es mentira, y de todos modos los dependientes, la mayoría más jóvenes que él, no saben dónde encontrar las cosas. Prefiere Dillons, por muy caprichosa que sea la ordenación de las estanterías. Intenta pasarse por Dillons una vez por semana para estar al corriente de las novedades.

Entre las revistas que encuentra en Dillons está *The African Communist*. Ha oído hablar de *The African Communist*, pero hasta ahora nunca la había visto porque en Sudáfrica está prohibida. Para su sorpresa, algunos colaboradores resultan ser contemporáneos suyos de Ciudad del Cabo: estudiantes de los que se pasan el día durmiendo y van a fiestas nocturnas, se emborrachan, sablean a sus padres, suspenden los exámenes y tardan cinco años en sacarse carreras de tres. Sin embargo, ahí los tiene escribiendo artículos con apariencia seria sobre los aspectos económicos de la mano de obra emigrante o los levantamientos de las zonas rurales del Transkei. ¿De dónde han sacado tiempo, entre tanto baile, bebida y libertinaje, para aprender esas cosas?

Pero lo que en realidad va a buscar a Dillons son revistas de poesía. Hay una pila desordenada de revistas detrás de la puerta principal: *Ambit* y *Agenda* y *Pawn*; folletos ciclostilados procedentes de lugares remotos como Keele; números raros, anticuados hace mucho tiempo, de publicaciones americanas. Compra uno de cada y se lleva el montón a su cuarto, donde los estudia minuciosamente, tratando de descubrir quién escribe qué, dónde encajaría él si también intentara publicar.

Las revistas británicas están copadas de poemitas desoladoramente modestos sobre los pensamientos y experiencias cotidianos, poemas que hace medio siglo no habrían provocado ni un levantamiento de ceja. ¿Qué ha ocurrido con las ambiciones de los poetas en Gran Bretaña? ¿No han digerido la noticia de que Edward Thomas y su mundo han desaparecido para siempre? ¿No han aprendido la lección de Pound y Eliot, por no hablar de Baudelaire y Rimbaud, de los epigramistas griegos, de los chinos? Pero tal vez juzgue a los británicos con demasiada precipitación. Tal vez lee las revistas equivocadas; tal vez haya otras publicaciones más audaces que no tienen cabida en Dillons. O tal vez exista un círculo de espíritus creativos tan pesimistas, dado el clima dominante, que no se molestan en enviar a librerías como Dillons las revistas donde publican. *Botthege Oscure*, por ejemplo: ¿dónde se compra uno *Botthege Oscure*? Si existen esos círculos progresistas, ¿cómo los descubrirá, cómo entrará en ellos?

En cuanto a sus propios escritos, tiene la esperanza de que, en caso de que muriera mañana, dejaría tras de sí un puñado de poemas que, editados por algún estudioso desinteresado e impresos en privado en forma de un pequeño y cuidado panfleto, harían sacudir la cabeza a la gente y murmurar entre dientes: «¡Qué promesa! ¡Qué pérdida!». Tal es su esperanza. La verdad, sin embargo, es que los poemas que escribe no solo son cada vez más cortos, sino –no puede evitar verlo así– también cada vez menos sólidos. Ya no parece ser capaz de producir poesía del tipo que escribía a los diecisiete o dieciocho años, piezas a veces de varias páginas, laberínticas, a ratos faltas de fluidez pero no obstante atrevidas, plagadas de novedades. Aquellos poemas, o la mayor parte de ellos, surgieron de un enamoramiento angustiado, además del torrente de lecturas que se traía entre manos. Ahora, cuatro años después, sigue angustiado, pero su angustia se ha vuelto habitual, incluso crónica, como un dolor de cabeza que se resiste a marcharse. Cualquiera que sea el tema explícito, es él –atrapado, solo, abatido– el que ocupa el centro; sin embargo –no puede evitar verlo–, los poemas nuevos carecen de la energía e incluso del deseo de explorar en serio su punto muerto espiritual. De hecho, está agotado todo el tiempo. En su mesa gris de la gran oficina de IBM le vencen los ataques de bostezos que se esfuerza por disimular; en el British Museum le bailan las palabras ante los ojos. Solo quiere hundir la cabeza entre los brazos y dormir. Sin embargo, no puede aceptar que la vida que lleva en Londres carece de proyecto o sentido. Hace un siglo los poetas se enajenaban con opio o alcohol para informar de sus experiencias visionarias desde el borde de la locura. De este modo se convertían en videntes, profetas del futuro. El opio y el alcohol no son para él, le asustan demasiado los efectos que podrían tener en su salud. Pero ¿es que el cansancio y el abatimiento no pueden llevar a cabo el mismo trabajo? ¿Es que vivir al borde del colapso psicológico no equivale a vivir al borde de la locura? ¿Por qué es un sacrificio mayor, una renuncia mayor de la personalidad, esconderse en una buhardilla de la Rive Gauche por la que no pagas alquiler o vagar de café en café, sin afeitar, sucio, maloliente, gorreando copas a los amigos, que vestir un traje oscuro y hacer un trabajo de oficina que te aniquila el alma y rendirse a la soledad hasta la muerte o al sexo sin deseo? Sin duda, la absenta y las ropas harapientas ya han pasado de moda. Y de todas maneras ¿qué tiene de heroico timarle el alquiler al casero?

T. S. Eliot trabajaba en un banco. Wallace Stevens y Franz Kafka trabajaban en una compañía de seguros. A su modo particular, Eliot, Stevens y Kafka sufrieron tanto como Poe o Rimbaud. No tiene nada de deshonroso optar por seguir a Eliot, Stevens y Kafka. Él ha optado por vestir un traje oscuro como ellos, llevarlo como si fuese una camisa en llamas, sin explotar a nadie, sin timar a nadie, pagando a su paso. En la época romántica los artistas enloquecían a escala desmesurada. La locura manaba de ellos en ríos de versos delirantes o grandes goterones de pintura. Esa época ha terminado: la locura de él, si es que su destino ha de ser el de padecer locura, será diferente: tranquila, discreta. Se sentará en un rincón, tenso y encorvado, como el hombre de la toga del grabado de Durero, esperando pacientemente a que acabe su temporada en el infierno. Y cuando haya pasado será más fuerte por haber resistido.

Esta es la historia que se cuenta en sus mejores días. Los otros días, los días malos, se pregunta si emociones tan monótonas como las suyas alimentarán alguna vez grandes poemas. El impulso musical de su interior, en otro tiempo intenso, ya se ha desvanecido. ¿Está ahora en el proceso de perder el impulso poético? ¿Se verá empujado de la poesía a la prosa? ¿Eso es la prosa en el fondo: su segunda mejor opción, el recurso del espíritu creativo en declive?

El único poema que le gusta de los que ha escrito en el último año tiene solo cinco versos.

Las esposas de los pescadores de langostas
se han acostumbrado a despertarse solas,
sus hombres han pescado al alba durante siglos;
pero su sueño no es tan inquieto como el mío.
Si te has ido, ve pues con los pescadores de langostas
    portugueses.

«Los pescadores de langostas portugueses»: está satisfecho de haber introducido una expresión tan mundana en un poema, incluso si el poema, mirado de cerca, tiene muy poco sentido. Tiene listas de palabras y expresiones que ha recolectado, mundanas o recónditas, esperando encontrar su lugar. «Férvido», por ejemplo: un día colocará «férvido» en un epigrama cuya historia oculta consistirá en que habrá sido creado para acomodar una sola palabra, igual que un broche puede ser hecho para acomodar una joya en particular. El poema tratará aparentemente sobre el amor o la desesperación y sin embargo habrá florecido a partir de una sola palabra de sonido maravilloso de cuyo significado todavía no estará seguro del todo.

¿Bastarán los epigramas como base para labrarse una carrera en la poesía? En tanto que forma, el epigrama no tiene nada de malo. Todo un mundo de sentimientos puede comprimirse en una sola línea, como los griegos demostraron una y otra vez. Pero sus epigramas no siempre alcanzan la compresión griega. Demasiado a menudo carecen de sentimiento; demasiado a menudo son simplemente librescos.

«La poesía no es un dejar libre la emoción, sino una huida de la emoción», dice Eliot en palabras que él ha copiado en su diario. «La poesía no es una expresión de personalidad, sino una huida de la personalidad.» Luego, a modo de amarga ocurrencia tardía, añade: «Pero solo aquellos que tienen personalidad y emociones saben lo que significa huir de tales cosas».

Le horroriza derramar mera emoción en la página. Una vez ha empezado a derramarse, no sabe cómo detenerla. La prosa, afortunadamente, no requiere emoción: eso puede decirse en su favor. La prosa es como una extensión lisa de agua tranquila sobre la que uno puede ir añadiendo cosas a placer, dibujando sobre la superficie.

Se reserva un fin de semana para su primer experimento en prosa. El cuento que emerge del experimento, si es que eso es lo que es, un cuento, en realidad no tiene argumento. Todo lo importante ocurre dentro de la mente del narrador, un joven sin nombre demasiado parecido a él que lleva a una chica sin nombre a una playa solitaria y la contempla mientras nada. A partir de una nimia acción de la chica, algún gesto inconsciente, de pronto él se convence de que la muchacha le ha sido infiel; más aún, se da cuenta de que ella ha visto que lo sabe y no le importa. Ya está. Acaba así. Eso es todo.

Una vez escrito el cuento, no sabe qué hacer con él. No tiene prisa por enseñárselo a nadie, salvo quizá al modelo original de la chica sin nombre. Pero ha perdido el contacto con ella, y de todos modos ella no le reconocería, no sin ayuda. El cuento transcurre en Sudáfrica. Le inquieta ver que sigue escribiendo sobre Sudáfrica. Preferiría dejar atrás su yo sudafricano como ha dejado Sudáfrica. Sudáfrica fue un mal comienzo, una desventaja. Una familia rural anodina, una mala educación, el idioma afrikaans: ha escapado, más o menos, de cada una de estas desventajas. Está en el gran mundo ganándose la vida y no le va mal, o al menos no ha fracasado, no estrepitosamente. No necesita que le recuerden Sudáfrica. Si mañana se levantara un maremoto desde el Atlántico y barriera el extremo sur del continente africano, no derramaría ni una sola lágrima. Él se contaría entre los supervivientes. Aunque ha escrito un cuento menor (de eso no hay duda), no es malo. No obstante, no le ve sentido a intentar publicarlo. Los ingleses no lo entenderían. En la playa de la historia verían la idea inglesa de una playa, unos pocos guijarros bañados por las olas. No verían un espacio deslumbrante de arena al pie de colinas rocosas golpeadas por grandes olas, con gaviotas y cormoranes chillando en lo alto mientras luchan contra el viento.

Por lo visto, hay otros modos en los que la prosa se distingue de la poesía. En poesía la acción puede desarrollarse en todas partes y en ninguna: no importa si las solitarias esposas de los pescadores viven en Kalk Bay, en Portugal o en Maine. La prosa, por otra parte, parece demandar persistentemente un escenario específico.

Todavía no conoce Inglaterra lo bastante bien para recrearla en prosa. Ni siquiera está seguro de que pueda recrear las partes de Londres con las que está familiarizado, el Londres de las multitudes arrastrándose al trabajo, del frío y de la lluvia, de habitaciones alquiladas sin cortinas en las ventanas y bombillas de cuarenta vatios. Si lo intentara, sospecha que lo que saldría no sería distinto del Londres de cualquier otro oficinista soltero. Puede que tenga su propia visión de Londres, pero esa visión no tiene nada único. Si posee cierta intensidad, es solo porque es estrecha, y es estrecha porque no conoce nada fuera de sí misma. No ha dominado Londres. Si alguien domina a alguien, es Londres quien le domina a él.

8

¿Presagia su primera incursión en la prosa un cambio de rumbo en su vida? ¿Está a punto de renunciar a la poesía? No está seguro. Pero si va a escribir prosa, entonces tal vez deba lanzarse a por todas y convertirse en jamesiano. Henry James muestra cómo situarse por encima de la mera nacionalidad. De hecho, no siempre queda claro el escenario en que transcurren sus obras, si es Londres, París o Nueva York, hasta tal punto James está supremamente por encima de los aspectos prácticos de la vida cotidiana. La gente de las obras de James no tiene que pagar el alquiler; desde luego, no tiene que aferrarse a un trabajo; lo único que se les exige es que mantengan conversaciones supersutiles que desencadenarán minúsculos trasvases de poder, cambios tan mínimos como invisibles para todos excepto para el ojo experimentado. Cuando ha tenido lugar un número suficiente de tales cambios, se revela que el equilibrio de poder entre los personajes de la historia (*Voilà!*) ha cambiado de modo repentino e irreversible. Eso es todo: la historia ha cumplido su misión y puede terminar.

Se pone ejercicios al estilo de James. Pero el estilo jamesiano resulta menos fácil de dominar de lo que había pensado. Conseguir que los personajes con los que sueña mantengan conversaciones supersutiles es como intentar que los mamíferos vuelen. Por un instante, tal vez dos, agitan los brazos, se sostienen en el aire. Luego se desploman.

La sensibilidad de James es más refinada que la suya, no cabe duda. Pero eso no basta para explicar su fracaso. James quiere que creamos que las conversaciones, el intercambio de palabras, son lo único que importa. Aunque él está dispuesto a aceptar este credo, descubre que no puede seguirlo, no en Londres, la ciudad sobre cuyas ruedas grises está siendo desmembrado, la ciudad sobre la que tiene que aprender a escribir, si no ¿por qué está aquí?

Una vez, cuando todavía era un niño inocente, creyó que la inteligencia era el único criterio importante, que mientras fuera lo bastante listo podría conseguir cualquier cosa que deseara. Ir a la universidad le puso en su sitio. La universidad le enseñó que no era el más listo, ni mucho menos. Y ahora se enfrenta a la vida real, donde ni siquiera hay exámenes en los que apoyarse. Por lo visto, en la vida real lo único que sabe hacer bien es sentirse deprimido. En el sufrimiento sigue siendo el mejor de la clase. La cantidad de miserias que es capaz de atraer y mantener parece no tener límite. Incluso mientras camina lenta y pesadamente por las frías calles de esta ciudad extraña, sin rumbo, andando solo para cansarse y que así cuando regrese a su cuarto al menos pueda dormir, no siente en su interior la menor disposición a romper el peso del sufrimiento. El sufrimiento es su elemento. Se siente en casa en el sufrimiento, como pez en el agua. Si abolieran el sufrimiento, no sabría qué hacer con su vida.

La felicidad, se dice, no enseña nada. El sufrimiento, por otra parte, te curte para el futuro. El sufrimiento es la escuela del alma. Entre las aguas del sufrimiento se emerge en la lejana orilla purificado, fuerte, listo para afrontar de nuevo los retos de la vida del arte.

Sin embargo, el sufrimiento no sienta como un baño purificador. Al contrario, te sientes como en una piscina llena de agua sucia. De cada nuevo sufrimiento no se emerge más brillante y más fuerte, sino más tonto y blando. ¿Cómo actúa en realidad la acción limpiadora que se atribuye al sufrimiento? ¿Es que no se ha sumergido uno a suficiente profundidad? ¿Habrá que nadar más allá del mero sufrimiento en pos de la melancolía y la locura? Todavía no ha conocido a nadie que pueda calificarse con propiedad de loco, pero no ha olvidado a Jacqueline, que, en sus propias palabras, «estaba en tratamiento», y con quien compartió a intervalos un apartamento de una sola habitación durante seis meses. En ningún momento Jacqueline resplandeció con el divino y estimulante fuego de la creatividad. Al contrario, estaba obsesionada consigo misma, era impredecible, una compañía agotadora. ¿Esa es la clase de persona con la que debe rebajarse a estar antes de convertirse en artista? Y en cualquier caso, loco o abatido, ¿cómo escribir cuando el cansancio es como una mano enguantada que te agarra el cerebro y te lo estruja? ¿O, de hecho, lo que a él le gusta llamar cansancio es una prueba, una prueba disimulada, una prueba que falla siempre? Después del cansancio, ¿vendrán más pruebas, tantas como círculos hay en el infierno de Dante? ¿Es el cansancio simplemente la primera prueba que tuvieron que pasar los grandes maestros, Hölderlin y Blake, Pound y Eliot?

Ojalá se le concediera la oportunidad de despertar y, solo por un minuto, solo por un segundo, saber lo que es arder con el fuego sagrado del arte.

Sufrimiento, locura, sexo: tres maneras de convocar en él el fuego sagrado. Ha visitado los tramos inferiores del sufrimiento, ha estado en contacto con la locura; ¿qué sabe del sexo? El sexo y la creatividad van juntos, todo el mundo lo dice, y él no lo pone en duda. Porque son creadores, los artistas conocen el secreto del amor. Las mujeres ven el fuego que arde en el artista gracias a una facultad instintiva. Ellas no poseen el fuego sagrado (salvo excepciones: Safo, Emily Brontë). En la búsqueda del fuego que les falta, el fuego del amor, las mujeres persiguen a los artistas y se entregan a ellos. Al hacer el amor los artistas y sus amantes experimentan brevemente, de manera tentativa, la vida de los dioses. De esta experiencia el artista regresa a su trabajo enriquecido y fortalecido, la mujer vuelve a su vida transfigurada.

¿Y entonces él? Si ninguna mujer ha detectado todavía tras su inexpresividad, su adustez, ninguna chispa del fuego sagrado; si ninguna mujer parece entregársele sin los más serios reparos; si la unión amorosa con la que está familiarizado, tanto por parte de la mujer como por la suya, es ansiosa o aburrida o ambas cosas a un tiempo, ¿significa que no es un verdadero artista o significa que todavía no ha sufrido bastante, que todavía no ha pasado suficiente tiempo en un purgatorio que incluye obligatoriamente encuentros sexuales desapasionados?

Henry James, con su altiva despreocupación por el simple hecho de vivir, ejerce una fuerte atracción sobre él. Sin embargo, por mucho que lo intente, no logra sentir la fantasmal mano de James alargándose para tocarle la frente a modo de bendición. James pertenece al pasado: Henry James llevaba muerto veinte años cuando él nació. James Joyce todavía vivía, aunque solo por los pelos. Admira a Joyce, hasta sabe recitar pasajes del *Ulises* de memoria. Pero Joyce está demasiado ligado a Irlanda y a lo irlandés para entrar en su panteón. Ezra Pound y T. S. Eliot, por mucho que vacilen y por mucho que los rodee el mito, aún viven, uno en Rapallo, el otro aquí, en Londres. Pero si va a dejar la poesía (o la poesía lo va a dejar a él), ¿de qué ejemplo pueden servirle Pound y Eliot?

Eso le deja solo con una de las grandes figuras del presente: D. H. Lawrence. Lawrence también murió antes de que él naciera, pero puede considerarse un accidente, puesto que Lawrence murió joven. Leyó a Lawrence por primera vez en el colegio, cuando *El amante de lady Chatterley* era el libro prohibido de peor fama. Al llegar al tercer año de universidad ya había leído todo Lawrence, a excepción de las obras primerizas. También sus compañeros estaban asimilando a Lawrence. De Lawrence estaban aprendiendo a romper el precario caparazón de las convenciones civilizadas y a dejar emerger el corazón secreto de su ser. Las chicas se ponían vestidos floreados y bailaban bajo la lluvia y se entregaban a hombres que les prometían conducirlas hasta su corazón más negro. Descartaban con impaciencia a los que no lo conseguían.

Él había recelado de convertirse en un seguidor del culto a Lawrence. Las mujeres de los libros de Lawrence le incomodaban; se las imaginaba como insectos sin remordimientos, arañas o mantis. Bajo la mirada penetrante de las pálidas sacerdotisas universitarias del culto ataviadas de negro se sentía nervioso, un minúsculo insecto soltero y escurridizo. Le habría gustado irse a la cama con algunas, no podía negarlo —al fin y al cabo, solo conduciendo a una mujer hasta su negro corazón podía un hombre alcanzar el suyo—, pero le asustaban demasiado. Los éxtasis de esas mujeres serían volcánicos; él era demasiado enclenque para sobrevivir a ellos.

Además, las mujeres que se enamoraban de Lawrence seguían un código de castidad propio. Caían en largos períodos de frialdad durante los cuales únicamente deseaban estar a solas o con sus hermanas, períodos durante los que la idea de ofrecer sus cuerpos equivalía a una violación. Solo podía despertarlas de su sueño glaciar la llamada imperiosa del yo oscuro del macho. Él no era ni oscuro ni imperioso, o al menos su oscuridad y su imperiosidad estaban todavía por emerger. Así que lo hacía con otras chicas, chicas que todavía no se habían convertido en mujeres y que no tenían ningún corazón negro o al menos ninguno del que mereciera la pena hablar, chicas que por dentro no querían hacerlo, igual que en lo más profundo de su corazón tampoco podría decirse que él quisiera.

En las últimas semanas que pasó en Ciudad del Cabo había iniciado una aventura amorosa con una chica llamada Caroline, una estudiante de teatro que ambicionaba subirse a los escenarios. Habían ido juntos al teatro, habían pasado noches enteras debatiendo sobre los méritos de Anouilh frente a Sartre, de Ionesco frente a Beckett; habían dormido juntos. Su preferido era Beckett, pero no el de Caroline: Beckett era demasiado fúnebre, decía ella. Él sospechaba que la verdadera razón era que Beckett no escribía papeles femeninos. Animado por Caroline, incluso había llegado a embarcarse en una obra, un drama en verso sobre Don Quijote. Pero pronto llegó a un punto muerto –la mente del viejo español le resultaba demasiado remota, no lograba abrirse camino en ella– y lo dejó.

Ahora, meses después, Caroline se presenta en Londres y le llama. Quedan en Hyde Park. Ella conserva todavía el bronceado del hemisferio sur, está llena de vitalidad, eufórica por estar en Londres, eufórica también por verle a él. Pasean por el parque. Ha llegado la primavera, las tardes se alargan, los árboles han echado hojas. Cogen un autobús de vuelta a Kensington, donde ella vive.

Caroline le ha impresionado, por su energía y empuje. Unas semanas en Londres y ya se ha habituado. Tiene trabajo; todos los agentes teatrales tienen ya su currículo; y vive en un apartamento en un barrio de moda, que comparte con tres chicas inglesas. Cómo ha conocido a sus compañeras de piso, pregunta él. Amigas de amigas, responde ella.

Reanudan su relación, pero desde el principio la cosa es difícil. Caroline trabaja de camarera en un club nocturno del West End; el horario es impredecible. Ella prefiere que vaya a verla a su apartamento, que no pase a recogerla por el club. Como las otras dos chicas ponen reparos a darle las llaves a desconocidos, tiene que esperar en la calle. Así que al final de la jornada laboral coge el metro de regreso a Archway Road, cena pan con salchichas en su cuarto, lee durante una o dos horas o escucha la radio y luego coge el último autobús a Kensington y espera. A veces Caroline regresa del club a medianoche, a veces a las cuatro de la madrugada. Pasan un rato juntos, se duermen. A las siete en punto suena el despertador: tiene que salir del apartamento antes de que las amigas de Caroline se despierten. Coge el autobús de vuelta a Highgate, desayuna, se pone el uniforme negro y sale hacia la oficina.

Pronto se convierte en rutina, una rutina que, cuando es capaz de alejarse un momento y reflexionar, le sorprende. Está teniendo una aventura en la que las reglas las dicta la mujer, única y exclusivamente. ¿Esto es lo que la pasión hace con un hombre: robarle el orgullo? ¿Siente pasión por Caroline?

No lo habría imaginado. Durante el tiempo que pasaron separados apenas pensó en ella un momento. Entonces, ¿por qué esta docilidad, esta cobardía vil? ¿Quiere que lo hagan infeliz? ¿En eso se ha convertido para él la infelicidad: una droga sin la que no puede pasarse?

Lo peor son las noches en que Caroline no vuelve a casa. Él camina de un lado a otro por la acera o, cuando llueve, se acurruca en la entrada. ¿De veras está trabajando hasta tarde, se pregunta desesperado, o el club de Bayswater es una gran patraña y en ese mismo instante Caroline está en la cama con otro?

Cuando la acusa directamente, no obtiene más que excusas vagas. Ha sido una noche agobiante en el club, ha estado abierto hasta el amanecer, dice ella. O no tenía dinero para el taxi. O tenía que ir a tomar una copa con un cliente. En el mundo del espectáculo, le recuerda ella con aspereza, los contactos son importantísimos. Sin contactos su carrera nunca despegará.

Todavía hacen el amor, pero ya no es como antes. Caroline tiene la cabeza en otro lado. Peor aún: él se está convirtiendo en una carga con sus melancolías y enfurruñamientos, lo nota. Si le quedara algo de sentido común rompería de inmediato, se largaría. Pero no lo hace. Tal vez Caroline no sea la amada misteriosa de ojos oscuros que vino buscando a Europa, tal vez no sea más que una chica de Ciudad del Cabo de orígenes tan aburridos como los suyos, pero por el momento es lo único que tiene.

9

En Inglaterra las chicas no le prestan atención, quizá porque su persona todavía desprende cierto aire de torpeza colonial, quizá sencillamente porque no lleva la ropa adecuada. Cuando no lleva uno de sus trajes IBM, solo tiene los pantalones de franela gris y la cazadora verde que se trajo de Ciudad del Cabo. Los jóvenes que ve en el metro y en la calle, en cambio, llevan pantalones negros estrechos, zapatos puntiagudos y chaquetas ceñidas con muchos botones. También llevan el pelo largo, caído sobre la frente y las orejas, mientras que él todavía lleva el peinado corto por los lados y la nuca y con raya bien definida que le inculcaron de niño los barberos de la ciudad rural y al que IBM dio el visto bueno. En los vagones, los ojos de las chicas resbalan sobre él o lo miran fugazmente con desdén.

Su situación no acaba de ser justa: protestaría si supiera dónde y a quién. ¿Qué clase de trabajo tienen sus rivales que les permite vestir como quieran? Y, de todos modos, ¿por qué debería seguir la moda? ¿Es que las cualidades internas no cuentan nada?

Lo sensato sería comprarse ropa como la de los demás y ponérsela los fines de semana. Pero cuando se imagina vestido de esa guisa, con una indumentaria que no solo le parece ajena a su carácter sino latina más que inglesa, nota crecer su resistencia. No puede hacerlo: sería como rendirse a una farsa, puro teatro.

Londres está lleno de chicas guapas. Vienen de todo el mundo: como *au-pairs*, estudiantes de inglés o simples turistas.

El pelo les tapa las mejillas, se maquillan los ojos, tienen un aire de sofisticado misterio. Las más guapas son las suecas, altas y con la piel color de miel; pero las italianas, menudas y de ojos almendrados, también tienen su encanto. Imagina que las italianas hacen el amor de forma brusca y apasionada, de un modo muy distinto a las suecas, que deben de mostrarse lánguidas y sonrientes. Pero ¿alguna vez tendrá la oportunidad de descubrirlo en persona? Si alguna vez lograra reunir el valor para hablar con una de esas bellas extranjeras, ¿qué diría? ¿Mentiría si se presentara como matemático en lugar de simple programador informático? ¿Impresionarían las atenciones de un matemático a una chica europea o sería mejor decirle que, pese a su exterior aburrido, es poeta?

Lleva un libro de poemas con él en el bolsillo, a veces Hölderlin, a veces Rilke, a veces Vallejo. En los vagones lo saca ostensiblemente y se concentra en la lectura. Es una prueba. Solamente una chica excepcional apreciará lo que está leyendo y reconocerá en él a otro espíritu excepcional. Pero ninguna de las chicas de los vagones le presta la menor atención. Por lo visto, es una de las primeras cosas que las chicas aprenden al llegar a Inglaterra: no prestar atención a las señales masculinas.

Lo que llamamos belleza es sencillamente un primer presentimiento de terror, le cuenta Rilke. Nos postramos ante la belleza para agradecerle que renuncie a destruirnos. ¿Le destruirían si se aventurara a acercase demasiado a esas bellas criaturas de otros mundos, o les parecería demasiado insignificante para eso?

En una revista de poesía –Ambit quizá, o Agenda– encuentra el anuncio de un taller semanal organizado por la Sociedad Poética en apoyo de los escritores jóvenes que aún no han publicado nada. Se presenta a la hora y en el lugar anunciados vestido con su traje negro. La mujer de la puerta lo repasa con desconfianza, le pregunta la edad.

—Veintiuno.

Es mentira: tiene veintidós.

Sus colegas poetas, sentados en círculo en butacas de cuero, le pasan revista, le saludan con gesto distante. Parecen conocerse entre ellos; es el único nuevo. Son más jóvenes que él, de hecho son todos adolescentes, salvo un hombre de mediana edad con cojera que parece ser alguien en la Sociedad Poética. Leen por turnos sus poemas más recientes. El poema que lee él acaba con las palabras «los furiosos embates de mi incontinencia». El hombre de la cojera juzga la elección de palabras desafortunada. Para cualquiera que haya trabajado en un hospital, dice, la incontinencia significa incontinencia urinaria o algo peor.

Vuelve a la semana siguiente, y después de la sesión toma café con una chica que ha leído en voz alta un poema sobre la muerte de un amigo en accidente de coche, a su modo un buen poema, sereno, nada pretencioso. Cuando no escribe poesía, le cuenta la chica, estudia en el King's College de Londres; viste con la severidad adecuada una falda oscura y medias negras. Acuerdan volverse a ver.

Quedan en Leicester Square un sábado por la tarde. Tenían casi decidido ir a ver una película; pero en tanto que poetas están obligados a vivir al límite, así que en lugar de al cine van a la habitación que ella tiene junto a la calle Gower, donde le deja desvestirla. Le maravilla la hermosa forma de su cuerpo desnudo, la blancura de marfil de su piel. ¿Son todas las inglesas así de guapas sin ropa?, se pregunta.

Se acuestan desnudos abrazándose uno al otro, pero sin calidez; y la calidez, queda claro, no surgirá. Al final la chica se despega de él, cruza los brazos sobre los pechos, estira las manos, sacude la cabeza en silencio.

Podría intentar convencerla, inducirla, seducirla; hasta puede que lo consiguiera; pero le falta ánimo. Después de todo no solo es una mujer, con intuiciones de mujer, sino que además es artista. Él trata de atraerla a una mentira; seguro que ella lo sabe.

Se visten en silencio.

—Lo siento —dice ella.

Él se encoge de hombros. No está enfadado. No la culpa. También él tiene sus intuiciones. El veredicto al que ha llegado sobre él sería el mismo que él dictaría. Después de este episodio deja de acudir a la Sociedad Poética. De todas maneras, nunca se ha sentido bienvenido.

No tiene más suerte con las chicas inglesas. En IBM hay chicas inglesas de sobra, secretarias y operadoras de perforadoras, y oportunidades para charlar con ellas. Pero nota cierta resistencia, como si no estuvieran seguras de quién es él, cuáles son sus motivos, qué va a hacer en su país. Otros flirtean con ellas con un jovial estilo inglés, con mucha mano izquierda. Ellas responden al flirteo, es evidente: se abren como flores. Pero él no ha aprendido a flirtear. Ni siquiera está seguro de que le parezca bien. Y, de todas maneras, no puede permitir que las chicas de IBM sepan que es poeta. Se reirían entre ellas, propagarían el cuento por todo el edificio.

Su máxima aspiración, por encima de una novia inglesa, por encima incluso de una sueca o una italiana, es conseguir una chica francesa. Si mantuviera un apasionado romance con una francesa está seguro de que la gracia del idioma francés, la sutileza del pensamiento francés, le conmovería y mejoraría. Pero ¿por qué iba a dignarse una chica francesa, con más razón aún que una inglesa, a hablarle? Y, de todos modos, tampoco ha visto tantas francesas en Londres. Las francesas, al fin y al cabo, tienen Francia, el país más bello del mundo. ¿Por qué iban a venir a la fría Inglaterra en busca de nativos?

Los franceses son el pueblo más civilizado del mundo. Todos los escritores que respeta se han empapado de cultura francesa; la mayoría consideran Francia su patria espiritual; Francia y, hasta cierto punto, Italia, pese a que Italia parece estar pasando por una mala época. Desde los quince años, cuando envió un giro postal de cinco libras y diez chelines al Instituto Pelman y recibió a cambio un libro de gramática y un juego de ejercicios para hacer y remitir al instituto para que los corrigieran, intenta aprender francés. En el baúl que ha traído desde Ciudad del Cabo tiene quinientas tarjetas con vocabulario francés básico, una palabra por tarjeta, para llevarlas encima y memorizarlas; por su cabeza se pasean varias locuciones francesas: *je viens de*, acabo de; *il me faut*, tengo que. Pero tanto esfuerzo no le ha llevado a ninguna parte. No tiene sentido del francés. Cuando escucha discos franceses, la mayor parte del tiempo no sabe dónde acaba una palabra y empieza la siguiente. Aunque puede leer textos en prosa sencilla, no logra imaginar cómo suenan. El idioma se le resiste, le excluye; no encuentra la manera de entrar en él.

En teoría, el francés tendría que resultarle fácil. Sabe latín; a veces lee pasajes latinos en voz alta por puro placer; no del latín de las epocas dorada o de plata, sino del latín de la Vulgata, con su indiferencia desenvuelta hacia el orden clásico de las palabras. Capta el español sin problemas. Lee a César Vallejo en edición bilingüe, lee a Nicolás Guillén, lee a Pablo Neruda. El español está plagado de palabras de sonido brutal cuyo significado ni siquiera acierta a adivinar, pero da igual. Al menos se pronuncian todas las letras, hasta la erre doble.

Sin embargo, el idioma para el que tiene verdadera facilidad es el alemán. Sintoniza las emisiones de Colonia y, cuando no son demasiado tediosas, también las de Berlín Oriental, y entiende la mayor parte; lee poesía alemana y la sigue bastante bien. Aprueba el modo en que el alemán concede a cada sílaba el peso debido. Con el fantasma del afrikaans todavía en sus oídos, se siente como en casa con la sintaxis alemana. De hecho, disfruta de la longitud de las frases, del complejo amontonamiento de verbos al final. Hay veces en que, al leer alemán, olvida que es un idioma aprendido.

Lee una y otra vez a Ingeborg Bachmann; lee a Bertolt Brecht, a Hans Magnus Enzensberger. El alemán esconde un trasfondo sardónico que le atrae aunque no está seguro de entender qué hace ahí; de hecho, se pregunta si no se lo estará imaginando. Podría preguntarlo, pero no conoce a nadie más que lea poesía alemana, como tampoco conoce a nadie que hable francés.

Sin embargo, en esta inmensa ciudad tiene que haber miles de personas empapadas de literatura alemana, miles más que lean poesía en ruso, húngaro, griego, italiano; que la lean, la traduzcan, incluso que la escriban: poetas exiliados, hombres de pelo largo y gafas de carey, mujeres de rostro marcadamente extranjero y labios apasionados y carnosos. En las revistas que compra en Dillons descubre pruebas suficientes de su existencia: traducciones que deben ser obra de ellos. Pero ¿cómo conocerlos? ¿Qué hacen estos seres especiales cuando no están leyendo, escribiendo y traduciendo? ¿Se sienta con ellos sin saberlo en Hampstead Heath?

Movido por un impulso, sigue a una pareja prometedora por el Heath. El hombre es alto y con barba, la mujer lleva una larga melena rubia peinada hacía atrás con descuido. Está seguro de que son rusos. Pero cuando se acerca lo suficiente para escuchar a escondidas resultan ser ingleses; charlan sobre el precio de los muebles en Heal's.

Queda Holanda. Al menos posee un conocimiento privilegiado del holandés, al menos cuenta con esa ventaja. Entre todos los círculos londinenses, ¿existe también un círculo de poetas holandeses? De ser así, ¿le dará acceso inmediato su conocimiento del idioma?

La poesía holandesa siempre le ha parecido más bien aburrida, pero el nombre de Simon Vinkenoog aparece constantemente en las revistas especializadas. Vinkenoog es el único poeta holandés que parece haber alcanzado reconocimiento internacional. Lee todo lo que encuentra de Vinkenoog en el British Museum, y no le entusiasma. Los escritos de Vinkenoog son estentóreos, burdos, faltos de cualquier tipo de misterio. Si Vinkenoog es todo lo que Holanda tiene que ofrecer, sus peores sospechas se confirman: de todas las naciones, la holandesa es la más apagada, la más antipoética. Otro tanto puede decirse de su herencia neerlandesa. Para el caso podría ser monolingüe.

De vez en cuando Caroline le telefonea de nuevo al trabajo y concierta una cita. Una vez juntos, sin embargo, no oculta su impaciencia con él. ¿Cómo puede haber hecho todo el camino hasta Londres, le dice Caroline, y luego pasarse los días sumando números en una máquina? Mira alrededor, le dice: Londres es una galería de novedades, placeres y diversiones. ¿Por qué no sales de tu caparazón y te diviertes?

–Algunos no hemos nacido para la diversión –replica él.

Ella se lo toma a broma, no intenta comprenderle.

Caroline todavía no le ha explicado nunca de dónde saca el dinero para el piso de Kensington y los modelitos siempre nuevos con los que se presenta. Su padrastro, que vive en Sudáfrica, trabaja en el negocio del automóvil. ¿El negocio del automóvil es lo bastante lucrativo para financiarle una vida de placer a una hijastra en Londres? ¿Qué hace en realidad Caroline en el club donde pasa las noches? ¿Cuelga abrigos en el guardarropía y recoge propinas? ¿Lleva bandejas con bebidas? ¿O trabajar en un club es un eufemismo?

Uno de los contactos que ha hecho en el club, le informa, es Laurence Olivier. Laurence Olivier se interesa por su carrera artística. Le ha prometido un papel en una obra todavía por concretar; también la ha invitado a su casa de campo.

¿Qué deducir de esta información? Lo del papel en una obra suena a mentira; pero ¿miente Laurence Olivier a Caroline o Caroline a él? A estas alturas, Laurence Olivier debe de ser un viejo con dentadura postiza. ¿Sabe Caroline protegerse de Laurence Olivier, si es que el hombre que la ha invitado a su casa de campo es realmente Olivier? ¿Qué hacen los hombres de esa edad con las chicas para divertirse? ¿Es correcto sentir celos de un hombre que probablemente ya no pueda mantener una erección? En cualquier caso, ¿los celos son un sentimiento anticuado aquí, en Londres, en 1962?

Lo más probable es que Laurence Olivier, si es que es él, le administre el tratamiento de casa de campo completo, incluido chófer que pase a recogerla por la estación y mayordomo que les sirva la cena. Luego, cuando el clarete la haya aturdido, se la llevará a la cama y la toqueteará, y ella le dejará hacer, por educación, para agradecerle la velada y también por el bien de su carrera. ¿Se molestará Caroline en comentar en sus encuentros que existe un rival, un oficinista que trabaja para una empresa de máquinas de sumar y vive en una habitación junto a Archway Road en la que a veces escribe versos?

No entiende por qué Caroline no rompe con él, el novio oficinista. Mientras se arrastra hacia casa en la oscuridad de la madrugada después de pasar la noche juntos, solo ruega que Caroline no vuelva a llamarle. Y de hecho, a veces pasa una semana sin tener noticias suyas. Luego, justo cuando empieza a pensar en su aventura como agua pasada, le telefonea y el ciclo vuelve a empezar.

Él cree en el amor apasionado y su poder transfigurador. Sin embargo, su experiencia dice que las relaciones amorosas le comen el tiempo, le cansan y paralizan su trabajo. ¿Es posible que no esté hecho para amar a las mujeres, que en realidad sea homosexual? Si fuera homosexual, eso explicaría sus tribulaciones de principio a fin. No obstante, desde que cumplió los dieciséis se ha sentido fascinado por la belleza femenina, por el aire de misteriosa inaccesibilidad de las mujeres. De estudiante sufría la fiebre continua de la enfermedad del amor, unas veces por culpa de una chica, otras por culpa de otra, en ocasiones a causa de dos al mismo tiempo. Leer a los poetas solo le subía la fiebre. A través del éxtasis cegador del sexo, decían los poetas, se alcanza un resplandor incomparable, el corazón del silencio; te haces uno con las fuerzas elementales del universo. Aunque hasta la fecha no ha alcanzado el resplandor incomparable, no duda ni por un momento que los poetas tengan razón.

Una noche se deja abordar en la calle por un hombre. El tipo es mayor que él; de hecho, de otra generación. Van en taxi a Sloane Square, donde vive el hombre —al parecer solo— en un piso lleno de cojines adornados con borlas y tenues lamparillas de mesa.

Apenas hablan. Deja que el hombre le toque a través de la ropa; no le da nada a cambio. Si el hombre tiene un orgasmo, consigue llevarlo con discreción. Después se va y vuelve a casa. ¿Eso es la homosexualidad? ¿Eso es todo? Incluso aunque haya algo más, parece una actividad penosa comparada con el sexo con mujeres: rápida, ausente, carente de pavor pero también de atractivo. Parece que no haya nada en juego: nada que perder, pero tampoco nada que ganar. Un juego para gente temerosa de participar en la gran liga; un juego para perdedores.

10

El plan que tenía en mente al venir a Inglaterra, en la medida en que tenía un plan, consistía en encontrar trabajo y ahorrar dinero. Cuando tuviese suficiente dinero dejaría el trabajo y se dedicaría a escribir. Cuando se le acabaran los ahorros buscaría otro trabajo y vuelta a empezar. Pronto descubre lo inocente del plan. El salario de IBM, antes de impuestos, es de sesenta libras mensuales, de las cuales logra ahorrar diez como máximo. Un año de trabajo le reportaría dos meses de libertad; gran parte de este tiempo libre se lo comería la búsqueda del siguiente empleo. El dinero de la beca de Sudáfrica apenas le llegará para pagar la matrícula de estudios.

Más aún, descubre que no es libre para cambiar de empleo a voluntad. Las nuevas normativas que afectan a los extranjeros en Inglaterra especifican que cualquier cambio de empleo debe ser aprobado por el Ministerio de Exteriores. Está prohibido vivir libre como el viento: si se despide de IBM tiene que encontrar otro trabajo enseguida o abandonar el país.

Ya lleva en IBM el tiempo suficiente para haberse acostumbrado a la rutina. Sin embargo, todavía le cuesta soportar la jornada laboral. Pese a que a sus compañeros y a él se les recuerda continuamente en reuniones y memorandos que están a la cabeza de los profesionales del procesamiento de datos, se siente como un oficinista aburrido en una novela de Dickens, sentado en un taburete copiando documentos mohosos.

Las únicas interrupciones del tedio diario llegan a las once y a las tres y media, cuando la señora del té aparece con su carrito a dejar una taza de cargado té inglés delante de cada uno de ellos («¡Aquí tienes, cariño!»). Solo cuando ha pasado el trajín de las cinco —las secretarias y perforadoras se marchan a las cinco en punto, con ellas ni se plantean las horas extras— y avanza la tarde puede levantarse de la mesa, pasear y relajarse. La sala de máquinas de abajo, dominada por los inmensos armarios de memoria del 7090, está vacía la mayor parte de las veces; sabe utilizar programas en el pequeño ordenador 1401, e incluso, a escondidas, se entretiene con juegos de ordenador. En tales ocasiones su trabajo le resulta no solo llevadero, sino agradable. No le importaría pasarse la noche entera en el despacho, utilizando programas de su propia invención hasta que le venciera el sueño, lavarse luego los dientes en el lavabo y extender un saco de dormir debajo de la mesa. Sería mejor que coger el último tren y subir por Archway Road hasta su cuarto solitario. Pero a IBM no le gustaría un comportamiento tan irregular.

Traba amistad con una de las perforadoras. Se llama Rhoda; tiene los muslos algo gruesos, pero también una tez cetrina sedosamente atractiva. Rhoda se toma en serio el trabajo; a veces él se queda de pie en la puerta, observándola inclinada sobre el teclado. Ella es consciente de que la mira, pero no parece importarle.

Nunca habla con Rhoda de nada más que de trabajo. El inglés de ella, con sus triptongos y oclusiones glóticas, no es fácil de entender. Es nativa de un modo que sus colegas programadores, con su educación privada, no lo son; la vida que lleva fuera de las horas de trabajo son un libro cerrado.

Al llegar al país estaba preparado para enfrentarse a la famosa frialdad británica. Pero las chicas de IBM no le parecen frías en absoluto. Poseen una acogedora sensualidad propia, la sensualidad de los animales criados juntos en la misma guarida húmeda, acostumbrados a los hábitos corporales de cada uno.

Aunque no pueden competir en glamour con las suecas y las italianas, a él le atraen estas chicas inglesas por su ecuanimidad y su falta de gracia. Le gustaría conocer mejor a Rhoda. Pero ¿cómo? Rhoda es de otra tribu. Las barreras que tendría que superar, por no hablar de las convenciones del cortejo tribal, le frustran y descorazonan.

La eficiencia de la sede de la calle Newman se mide por el uso que hace del 7090. El 7090 es el corazón de la oficina, la razón de su existencia. Cuando el 7090 no trabaja se habla de tiempo ocioso. El tiempo ocioso significa ineficiencia, y la ineficiencia es pecado. El fin último de la oficina es mantener el 7090 en funcionamiento noche y día; los clientes más valorados son los que ocupan el 7090 durante horas enteras. Tales clientes forman el feudo de los programadores superiores; él no tiene nada que hacer.

Un día, sin embargo, uno de los clientes importantes tiene dificultades con sus tarjetas de datos y le ordenan ayudarle. El cliente se llamar señor Pomfret, un hombrecillo con traje arrugado y gafas. Viene a Londres los jueves desde algún lugar del norte de Inglaterra con cajas y más cajas de tarjetas perforadas; tiene una reserva regular de seis horas en el 7090 a partir de medianoche. Por los cotilleos de la oficina se entera de que las tarjetas contienen datos sobre el túnel aerodinámico de un nuevo bombardero británico, el TSR-2, en el que está trabajando la RAF.

El problema del señor Pomfret, y el problema de sus compañeros del norte, es que los resultados de las sesiones de las dos últimas semanas son anómalos. No tienen sentido. O bien los datos de las pruebas están mal, o bien hay algún error en el diseño del avión. A él se le ha encargado que repase las tarjetas del señor Pomfret en la máquina auxiliar, la 1401, y realice diversas comprobaciones para determinar si han sido mal perforadas.

Trabaja hasta pasada la medianoche. Serie a serie, pasa las tarjetas del señor Pomfret por el lector de tarjetas. Al final puede informar de que no hay ningún error de perforación. Los resultados eran anómalos; el problema existe.

El problema existe. De la manera más casual, más nimia, ha entrado en el proyecto TSR-2, ha entrado a formar parte de las fuerzas de defensa británicas; ha favorecido los planes británicos de bombardear Moscú. ¿Para esto vino a Inglaterra: para participar en el mal, un mal sin recompensa, ni siquiera imaginaria? ¿Qué tiene de romántico pasar la noche en vela para que el señor Pomfret, ingeniero aeronáutico, con su aire indefenso y blando y su maletín lleno de tarjetas, pueda coger el primer tren al norte para llegar a tiempo a la reunión de los viernes por la mañana en el laboratorio?

Menciona en una carta a su madre que ha estado trabajando en datos del túnel aerodinámico para el TSR-2, pero su madre no tiene la menor idea de lo que es el TSR-2. Finalizan las pruebas del túnel aerodinámico. Cesan las visitas del señor Pomfret a Londres. Busca más noticias sobre el TSR-2 en los periódicos, pero no hay nada. El TSR-2 parece haber desaparecido en el limbo.

Ahora que es demasiado tarde, se pregunta qué habría ocurrido si, mientras tenía las tarjetas del TSR-2 en sus manos, hubiera adulterado los datos. ¿Habría provocado una confusión general del proyecto o los ingenieros del norte habrían detectado la intromisión? Por una parte, le gustaría aportar su granito de arena para salvar a Rusia de ser bombardeada. Por otra, ¿tiene derecho moral a disfrutar de la hospitalidad británica mientras sabotea sus fuerzas aéreas? Y, en cualquier caso, ¿cómo iban a enterarse los rusos de que un oscuro simpatizante de una oficina londinense de IBM les había conseguido unos días de tranquilidad en la guerra fría?

No entiende qué tienen los ingleses en contra de los rusos. Gran Bretaña y Rusia han compartido bando en todas las guerras de las que tiene noticia desde 1854. Los rusos nunca han amenazado con invadir Gran Bretaña. Entonces, ¿por qué los británicos se alían en el bando de los estadounidenses, que se comportan como matones en Europa, al igual que en el resto del mundo? No es como si a los británicos les gustaran de verdad los norteamericanos. Los caricaturistas de la prensa siempre están metiéndose con los turistas norteamericanos, con sus puros, sus barrigotas, sus camisas hawaianas y los puñados de dólares de los que van alardeando. En su opinión, los británicos deberían desmarcarse de los franceses y salir de la OTAN, abandonar a los norteamericanos y a sus nuevos compinches, los alemanes del oeste, en su ajuste de cuentas con los rusos.

Los periódicos vienen llenos de noticias sobre la CDN, la Campaña pro Desarme Nuclear. Las fotografías que publican de tipos enclenques y mujeres feas de pelo enmarañado ondeando pancartas y gritando consignas no le predisponen en favor de la CDN. Por otro lado, Jruschov acaba de asestar un golpe estratégico maestro: ha construido lanzamisiles en Cuba para contraatacar a los misiles norteamericanos que cercan Rusia. Ahora Kennedy amenaza con bombardear Rusia si no retira sus misiles de Cuba. Es contra lo que protestan los de la CDN: un ataque nuclear en el que participarían las bases estadounidenses en Gran Bretaña. Él no puede apoyar su postura.

Los aviones espía norteamericanos fotografían cargueros rusos que cruzan el Atlántico en dirección a Cuba. Según los norteamericanos, estos buques transportan más misiles. En las fotografías, los misiles –formas vagas cubiertas por lonas– se destacan con círculos blancos. A él le parece que también podrían ser botes salvavidas. Le sorprende que los periódicos no cuestionen la versión norteamericana.

¡Despertad!, clama la CDN, estamos al borde de la aniquilación nuclear. ¿Podría ser verdad?, se pregunta. ¿Vamos a perecer todos?

Acude a una gran concentración de la CDN en Trafalgar Square, con cuidado de permanecer en el borde para demostrar que solo ha ido de mirón. Es la primera manifestación masiva a la que acude: los puños alzados, las consignas coreadas, en general el exaltamiento de las pasiones le repelen. Solo el amor y el arte son, en su opinión, dignos de una entrega sin reservas.

El mitin culmina una marcha de ochenta kilómetros de los incondicionales de la CDN que partió hace una semana de las afueras de Aldermaston, la central de armamento nuclear británico. Durante días el *Guardian* ha mostrado fotografías de manifestantes empapados en la carretera. Ahora, en Trafalgar Square, reina el pesimismo. Mientras escucha los discursos se da cuenta de que estas personas, o al menos algunas de las presentes, creen de verdad lo que dicen. Creen que van a bombardear Londres; creen que van a morir todos.

¿Tienen razón? De ser así, parece terriblemente injusto: injusto para los rusos, injusto para la gente de Londres, pero sobre todo injusto para él, que será incinerado por culpa de la belicosidad norteamericana.

Piensa en el joven Nikolai Rostov en el campo de batalla de Austerlitz, contemplándolo todo como un conejo hipnotizado mientras los granaderos franceses cargan contra él con sus macabras bayonetas. ¿Cómo es posible que quieran matarme, protesta para sus adentros, a mí, que le gusto tanto a todo el mundo?

¡Salió del fuego para caer en las brasas! ¡Qué ironía! ¡Haber escapado de los afrikáners que querían forzarle a entrar en el ejército y de los negros que querían empujarlo al mar para acabar en una isla que pronto terminará convertida en cenizas! ¿En qué tipo de mundo vive? ¿Dónde puedes librarte de la furia política? Solamente Suecia parece estar por encima del conflicto. ¿Debería dejarlo todo y coger el primer barco a Estocolmo? ¿Hay que hablar sueco para entrar en Suecia? ¿Necesitan programadores informáticos en Suecia? ¿Tienen ordenadores en Suecia?

Acaba el mitin. Regresa a su habitación. Debería estar leyendo *La copa dorada* o trabajando en sus poemas, pero ¿qué sentido tendría, qué sentido tiene nada?

Luego, al cabo de unos días, de repente la crisis ha pasado. Jruschov capitula ante las amenazas de Kennedy. Ordena a los cargueros que den marcha atrás. Desarma los misiles que ya tenía en Cuba. Los rusos dan una explicación formal de su actuación, pero está claro que han sido humillados. Los únicos que salen bien parados de este episodio histórico son los cubanos. Impertérritos, los cubanos prometen solemnemente que, con misiles o sin ellos, defenderán su revolución mientras les quede un aliento de vida. A él le gustan los cubanos y Fidel Castro. Al menos Fidel no es un cobarde.

Se pone a charlar en la Tate Gallery con una chica a la que toma por turista. Es fea, con gafas, de aspecto cabal, la clase de chica que no le interesa pero que probablemente le corresponde. Se llama Astrid, le dice. Es de Austria; de Klagenfurt, no de Viena.

Resulta que Astrid no es turista, sino *au-pair*. Al día siguiente la lleva al cine. Enseguida se da cuenta de que tienen gustos bastante diferentes. No obstante, cuando lo invita a acompañarla a la casa donde trabaja, no le dice que no. Echa un breve vistazo a su cuarto: una buhardilla con cortinas de algodón a cuadros azules y colcha a juego y un oso de peluche sobre la almohada.

Toma el té en la planta baja con Astrid y su patrona, una inglesa que le repasa de arriba abajo con una mirada fría y juzga que no da la talla. Esta es una casa europea, dicen los ojos de la mujer: no necesitamos a ningún tosco oriundo de las colonias, y encima bóer.

No es un buen momento para los sudafricanos en Inglaterra. Con grandes demostraciones de superioridad moral, Sudáfrica se ha declarado república y acto seguido ha sido expulsada de la Commonwealth. El mensaje de la expulsión no deja lugar a los equívocos. Los británicos están hartos de los bóers y la Sudáfrica que lideran, una colonia que siempre ha dado más problemas que alegrías. Les encantaría que Sudáfrica se desvaneciera silenciosamente en el horizonte. Desde luego, no quieren tener a sudafricanos blancos desesperados llamando a sus puertas como huérfanos en búsqueda de padre. No le cabe duda de que esta sutil inglesa informará indirectamente a Astrid de que él no es un tipo aconsejable.

La soledad, quizá también la lástima que le despierta esa infeliz extranjera sin gracia y un pésimo inglés, le empuja a quedar con ella otra vez. Después, sin ninguna razón, la convence para que vaya a su habitación. Astrid no tiene ni siquiera dieciocho años, todavía es una cría; él nunca ha estado con alguien tan joven, con una niña, en realidad. Cuando la desnuda nota su piel fría y pegajosa. Ha cometido un error, lo sabe. No la desea; en cuanto a Astrid, a pesar de que las mujeres y sus necesidades suelen parecerle un misterio, está seguro de que tampoco le desea. Pero han llegado demasiado lejos, los dos, para echarse atrás, así que siguen adelante.

Durante las semanas siguientes pasan varias noches juntos. Pero tienen problemas de tiempo. Astrid solo puede salir después de acostar a los hijos de la patrona; como mucho consiguen pasar juntos una hora apresurada antes de que parta el último tren hacia Kensington. Un día, Astrid se atreve a pasar toda la noche fuera. Él finge disfrutar de tenerla a su lado, pero la verdad es que no es así. Duerme mejor solo. Comparte la cama tenso e inmóvil toda la noche, y se despierta agotado.

11

Hace años, cuando era todavía un niño de una familia que se esforzaba por ser normal, sus padres solían salir a bailar los sábados por la noche. Él les miraba prepararse; si se quedaba despierto hasta tarde, interrogaba a su madre a la vuelta. Pero nunca llegó a ver lo que realmente ocurría en el salón de baile del hotel Masónico de Worcester: qué tipo de bailes bailaban sus padres, si fingían mirarse a los ojos mientras bailaban, si solo bailaban juntos o si, como en las películas norteamericanas, se permitía que un desconocido tocara el hombro de la mujer y se la robara a su compañero, que tenía que buscar otra pareja o quedarse en un rincón fumando un cigarrillo de mal humor.

Le costaba entender por qué gente que ya estaba casada tenía que tomarse la molestia de vestirse de fiesta e ir a un hotel a bailar cuando podrían haber hecho lo mismo en el salón de casa con música de la radio. Pero, por lo visto, para su madre las noches de sábado en el hotel Masónico eran importantes, tan importantes como montar a caballo o, cuando no había caballo, en bicicleta. Bailar y montar representaban la vida que había llevado antes de casarse, antes de, en su versión de la historia de su vida, convertirse en prisionera («¡No seré una prisionera en mi propia casa!»).

La firmeza de su madre no le llevó a ningún sitio. Quien fuera que les animara en la oficina de su padre a ir a los bailes del sábado por la noche se mudó o dejó de acudir. El vestido azul brillante con una aguja de plata, los guantes blancos, el divertido sombrerito que su madre se ponía ladeado, desaparecieron en roperos y cajones, y fin de la historia.

En cuanto a él, se alegró de que los bailes acabaran, aunque no lo dijo. No le gustaba que su madre saliera, no le gustaba el aire ausente que tenía al día siguiente. De todos modos, no le veía ningún sentido a bailar. Evitaba las películas que prometían incluir números de baile, desanimado por la cara sentimentaloide y boba que se le ponía a la gente.

–Bailar es un buen ejercicio –insistía su madre–. Aprendes ritmo y equilibrio.

No le convenció. Si la gente necesitaba ejercicio, podía hacer calistenia o levantar pesas o correr alrededor de la manzana.

En los años transcurridos desde que Worcester quedara atrás no ha cambiado de opinión con respecto al baile. Cuando en su época de estudiante universitario le avergonzaba demasiado ir a las fiestas y no saber bailar, se apuntó a unos cursillos en una escuela de baile pagados de su propio bolsillo: *quickstep*, vals, twist, chachachá. No funcionó: a los pocos meses lo había olvidado todo, en un acto de mala memoria premeditada. Sabe perfectamente el porqué. Nunca, ni por un momento, se aplicó de lleno al baile durante las clases. Aunque seguía los pasos, por dentro permanecía siempre rígido. Y así sigue: en lo más hondo sigue sin ver la razón por la que la gente necesita bailar.

Bailar solo cobra sentido cuando se interpreta como otra cosa, algo que la gente prefiere no admitir. Esa otra cosa es lo verdaderamente importante: el baile no es más que la máscara. Sacar a bailar a un chica significa hacerle proposiciones; aceptar la invitación a bailar significa el consentimiento a las proposiciones; y bailar es la representación y prefiguración de la relación. Las correspondencias son tan obvias que se pregunta por qué la gente se molesta en bailar. ¿Para qué arreglarse, para qué los movimientos rituales, para qué la gran parodia?

La música de baile antigua con sus ritmos torpes, la música del hotel Masónico, siempre le ha aburrido. En cuanto a la burda música norteamericana con la que baila la gente de su generación, simplemente no le gusta. En Sudáfrica, todas las canciones que sonaban en la radio eran norteamericanas. En la prensa se seguían de manera obsesiva las payasadas de las estrellas de cine estadounidenses, se imitaban ciegamente las modas norteamericanas como el *hula hoop*. ¿Por qué? ¿Por qué mirar a Norteamérica para todo? Repudiados por los holandeses y ahora por los británicos, ¿habían decidido los sudafricanos convertirse en norteamericanos de pega pese a que la mayoría no le había puesto la vista encima a uno de verdad en la vida?

Él había esperado perder de vista Norteamérica en Gran Bretaña: la música norteamericana, las modas norteamericanas. Pero, para su consternación, los británicos no están menos ansiosos por imitar a Norteamérica. La prensa popular lleva fotografías de chicas gritando como posesas en los conciertos. Hombres con melenas hasta los hombros berrean y aúllan con acentos norteamericanos falsos y luego hacen añicos sus guitarras. La cosa le supera.

Lo que salva a Gran Bretaña es el «Third Programme». Si hay algo que espera con ilusión tras pasar el día en IBM es llegar a casa, a la tranquilidad de su cuarto, encender la radio y disfrutar de música que nunca antes había escuchado o de una charla inteligente, fresca. Noche tras noche, sin excepción y sin coste, las puertas se abren a su paso.

«Third Programme» emite solo en onda larga. Si fuera en onda corta tal vez podría haberlo sintonizado en Ciudad del Cabo. En tal caso, ¿qué necesidad habría tenido de venir a Londres?

En la serie «Poetas y poesía» emiten un charla sobre un ruso llamado Joseph Brodsky. Acusado de parásito social, Joseph Brodsky ha sido sentenciado a cinco años de trabajos forzados en un campo de la península Arjanguelsk, en el gélido norte. La sentencia está en curso. Mientras él permanece sentado en su cálido cuarto londinense, sorbiendo café, mordisqueando un postre de uvas y almendras, un hombre de su misma edad, poeta como él, pasa los días cortando troncos, cuidando de sus dedos congelados, remendando las botas con harapos, alimentándose de sopa de repollo con cabezas de pescado. «Oscuro como el interior de una aguja», escribe Brodsky en uno de sus poemas. No puede sacarse el verso de la cabeza. Si se concentrara, si se concentrara de verdad, noche tras noche, si convocara mediante la pura atención el don de la inspiración, quizá lograra dar con algo que estuviera a la altura. Porque está en él, lo sabe, su imaginación es del mismo color que la de Brodsky. Pero ¿cómo hablar después con Arjanguelsk? A partir tan solo de los poemas que ha escuchado en la radio, y nada más, conoce a Brodsky, lo conoce al dedillo. Es el poder de la poesía. La poesía es verdad. Pero Brodsky no puede saber nada de él, que está en Londres. ¿Cómo contarle al hombre helado que está con él, a su lado, día a día?

Joseph Brodsky, Ingeborg Bachmann, Zbigniew Herbert: desde solitarias balsas bamboleantes en los oscuros mares de Europa lanzan sus palabras al viento, y con la radio las palabras corren hacia su cuarto, las palabras de los poetas de su tiempo, hablándole de nuevo de lo que puede ser la poesía y por tanto de lo que él puede ser, haciendo que se alegre por vivir en el mismo mundo que ellos. «Señal recibida en Londres: por favor, continúen transmisión»: les enviaría este mensaje si pudiera.

En Sudáfrica había escuchado una o dos piezas de Schoenberg y Berg: *La noche transfigurada*, el concierto para violín. Ahora escucha por primera vez la música de Anton von Webern. Le han advertido en contra de Webern. Ha leído que Webern va demasiado lejos: lo que Webern escribe ya no es música, solo sonidos al azar. Escucha inclinado sobre la radio. Primero una nota, luego otra, luego otra más, frías como cristales de hielo, tensas como estrellas en el cielo. Un minuto o dos de este embelesamiento, y luego todo ha terminado.

Un soldado norteamericano mató a Webern en 1945. Un malentendido, dijeron, un accidente de guerra. El cerebro que planificaba aquellos sonidos, aquellos silencios, aquel sonido-y-silencio, se extinguió para siempre.

Visita una exposición de expresionistas abstractos en la Tate Gallery. Permanece un cuarto de hora de pie frente a un Jackson Pollock, dándole la oportunidad de que le penetre, intentando aparentar que tiene criterio por si acaso algún sofisticado londinense echa un vistazo a este ignorante provinciano. No le ayuda. El cuadro no significa nada para él. Hay algo que no acaba de captar.

En la sala siguiente, en lo alto de una pared, cuelga un cuadro enorme consistente solo en una mancha negra alargada sobre un fondo blanco. *Homenaje a la República española* 24, obra de Robert Motherwell, informa el rótulo. Queda petrificado. Amenazadora y misteriosa, la forma negra le conquista. La mancha emite un sonido similar al golpe de un gong, dejándole tembloroso; le fallan las rodillas.

¿De dónde procede el poder de esta mancha amorfa sin ningún parecido con España ni con nada y que sin embargo ha agitado el pozo de oscuros sentimientos de su interior? No es bella, sin embargo habla como la belleza, imperiosamente. ¿Por qué Motherwell posee este poder y Pollock no, o Van Gogh o Rembrandt? ¿Es el mismo poder que hace que el corazón le dé un salto cuando ve a una mujer y no a otra? ¿Concuerda *Homenaje a la República española* con alguna forma que habita su alma? ¿Y la mujer que le depara el destino? ¿Guarda ya su femenina forma en su oscuridad interior? ¿Cuánto habrá que esperar a que se manifieste? ¿Cuando lo haga, estará preparado?

No sabe la respuesta. Pero si puede reconocerla como a una igual, a ella, a la Destinada, entonces su manera de hacer el amor no tendrá precedentes, está seguro, será un éxtasis cercano a la muerte; y cuando después vuelva a la vida será un ser nuevo, transformado. Un fogonazo de excitación como el contacto de dos polos opuestos, como la unión de dos gemelos; luego seguirá el lento renacer. Tiene que estar listo. La disposición es esencial.

En el cine Everyman programan una temporada sobre Satyajit Ray. Ve la trilogía de Apu en noches sucesivas en un estado de embelesamiento. En la madre de Apu, amargada, atrapada, en su padre atractivo, irresponsable, reconoce, con un aguijonazo de culpa, a sus propios padres. Pero lo que le engancha por encima de todo es la música, interacciones de complejidad mareante entre tambores e instrumentos de cuerda, largas arias de flauta cuya escala o modo –no sabe bastante de teoría musical para estar seguro de cuál– le roban el corazón, arrastrándolo a un estado de melancolía sensual que perdura mucho después de acabada la película.

Hasta ahora ha encontrado en la música occidental, sobre todo en Bach, todo lo que necesita. Ahora encuentra algo que Bach no tiene, aunque incluye algunas imitaciones: una feliz complacencia de la mente racional, dominadora, con el baile de los dedos.

Busca en las tiendas de discos y en una encuentra un álbum de un músico que toca el sitar llamado Ustad Vilayat Khan, con su hermano –más joven, a juzgar por la foto– a la vina y un desconocido a la tabla. No tiene tocadiscos, pero escucha los diez primeros minutos en la tienda. Ahí está todo: la exploración de las secuencias tonales, la emoción estremecida, los arrebatos de éxtasis. No acaba de creerse su buena suerte. Un continente nuevo... ¡por tan solo nueve chelines! Se lleva el disco a su cuarto, lo guarda en la funda de cartón hasta el día en que pueda volver a escucharlo.

En la habitación de debajo vive una pareja india. Tienen un bebé que a veces llora quedamente. Se saluda con el hombre cuando se cruzan en la escalera. La mujer apenas sale.

Una noche llaman a la puerta. Es el indio. ¿Le apetecería cenar con ellos al día siguiente?

Acepta, pero con dudas. No está acostumbrado a las especias fuertes. ¿Podrá comer sin resoplar ni quedar en ridículo?

En cuanto llega le tranquilizan. La familia procede del sur de la India; son vegetarianos. Las especias picantes no forman parte esencial de la comida india, le explica su anfitrión: fueron introducidas solo para disimular el sabor de la carne en mal estado. La comida del sur es bastante suave. Y, efectivamente, lo es. Lo que le ponen delante –sopa de coco con cardamomo y clavo y una tortilla– es decididamente lechoso.

Su anfitrión es ingeniero. Su mujer y él llevan varios años en Inglaterra. Son felices aquí, dice. Su alojamiento actual es el mejor que han tenido hasta la fecha. La habitación es espaciosa, la casa silenciosa y ordenada. Desde luego, no les entusiasma el clima inglés. Pero –se encoge de hombros– unas cosas compensan otras.

La mujer apenas interviene en la conversación. Les sirve sin comer, luego se retira al rincón donde el bebé descansa en la cuna. No habla bien inglés, explica su marido.

Su vecino ingeniero admira la ciencia y la tecnología occidentales, se queja del retraso de la India. Aunque las odas a las máquinas suelen aburrirle, no le lleva la contraria al anfitrión. Son los primeros en Inglaterra en invitarle a su casa. Más aún: son gente de color, conscientes de que es sudafricano, y aún así le ha tendido la mano. Está agradecido.

La cuestión es qué debería hacer con esa gratitud. ¿Es inconcebible que deba invitarlos, al marido, su mujer y, sin duda, al bebé llorón, a su habitación del último piso a comer sopa envasada seguida de, ya que no salchichas, macarrones con salsa de queso? Pero ¿cómo retornar si no su hospitalidad?

Pasa una semana sin que haga nada, luego otra semana. Cada vez se siente más avergonzado. Empieza a escuchar a través de la puerta por las mañanas, esperando a que el ingeniero se vaya a trabajar para salir al rellano.

Tiene que haber algo que pueda hacer, algún acto sencillo de reciprocidad, pero no se le ocurre, o no quiere que se le ocurra, y de todos modos empieza a ser demasiado tarde. ¿Qué le pasa? ¿Por qué las cosas más normales le resultan complicadísimas? Si la respuesta es que se trata de una cuestión de carácter, ¿qué tiene de bueno ser como es? ¿Por qué no cambiar?

Pero ¿es cuestión de carácter? Lo duda. No tiene esa impresión, tiene la impresión de que es una enfermedad, una enfermedad moral: tacañería, pobreza de espíritu, de esencia similar a su frialdad con las mujeres. ¿Puede obtenerse arte de una enfermedad así? Si no, ¿qué se deduce sobre el arte?

En el tablón de anuncios de una inmobiliaria de Hampstead lee: «Se busca inquilino para compartir piso en Swiss Cottage con tres personas más. Habitación propia, cocina compartida». No le gusta compartir piso. Prefiere vivir solo. Pero mientras siga viviendo solo no saldrá nunca de su aislamiento. Telefonea, concierta una cita.

El hombre que le enseña el piso es unos años mayor que él. Lleva barba, y una chaqueta tipo Nehru azul con botones dorados por toda la pechera. Se llama Miklos y viene de Hungría. El piso está limpio y aireado; la habitación que sería la suya es más amplia que la que tiene ahora y más moderna.

—Me la quedo —le dice a Miklos sin dudarlo—. ¿Dejo algo de depósito?

Pero no es tan sencillo.

—Deje su nombre y dirección y le apuntaré en la lista —dice Miklos.

Espera tres días. Al cuarto telefonea. Miklos no está, dice la chica que contesta. ¿La habitación? Oh, la habitación ya está alquilada hace días.

La voz de la chica tiene una leve ronquera extranjera; sin duda es bella, inteligente, sofisticada. No le pregunta si es húngara. Pero si hubiera conseguido la habitación ahora compartirían piso. ¿Quién es ella? ¿Cómo se llama? ¿Era el amor que le estaba destinado y ahora se le ha escapado el destino? ¿Quién es el afortunado que ha conseguido la habitación y el futuro que habían de ser los suyos?

Cuando visitó el piso tuvo la impresión de que Miklos se lo enseñó por obligación. Piensa que Miklos buscaba a alguien que aportara algo más a la economía doméstica que una cuarta parte del alquiler, alguien que ofreciera también alegría, estilo o posibilidad de romance. Al calarle de una mirada, Miklos le consideró falto de alegría, estilo y posibilidad de romance, y le rechazó.

Debería haber tomado la iniciativa. «No soy lo que parezco –debería haberle dicho–. Puede que parezca un oficinista, pero en realidad soy poeta, o un proyecto de poeta. Además, pagaré mi parte del alquiler puntualmente, que es más de lo que harían la mayor parte de los poetas.» Pero no dijo nada, no defendió, por lamentable que hubiera podido parecer, su persona y su vocación; y ahora es demasiado tarde.

¿Cómo consigue un húngaro disponer de un piso en el moderno Swiss Cottage, vestir a la última, despertarse tarde por las mañanas con la bella muchacha de voz ronca a su lado mientras que él tiene que regalar su día a IBM y vivir en una habitación deprimente junto a Archway Road? ¿Cómo ha conseguido Miklos las llaves que abren la puerta a los placeres londinenses? ¿De dónde saca esa gente el dinero para costearse una vida de lujo?

Nunca le ha gustado la gente que se salta las reglas. Si no se siguen las reglas la vida deja de tener sentido: lo mismo podría uno devolver su billete y retirarse, como Iván Karamázov. Sin embargo, Londres parecer estar lleno de gente que se salta las reglas y no tiene problemas. Por lo visto, es el único lo bastante idiota para jugar de acuerdo con las reglas, él y los demás oficinistas apresurados de traje oscuro y gafas que ve en el metro. Entonces, ¿qué debería hacer? ¿Debería seguir el ejemplo de Iván? ¿El de Miklos? Decida lo que decida, sale perdiendo. Porque carece de talento para mentir, engañar o saltarse las normas, igual que tampoco lo tiene para el placer y la ropa moderna. Solo tiene talento para la tristeza, la tristeza sincera y aburrida. ¿Qué va a hacer si esta ciudad no recompensa la tristeza?

12

Todas las semanas recibe una carta de su madre, un sobre azul pálido de correo aéreo con la dirección escrita en mayúsculas. Le exasperan estas muestras del amor inmutable de su madre. ¿Es que su madre nunca entenderá que cuando se fue de Ciudad del Cabo cortó todos los lazos con el pasado? ¿Cómo puede hacerle entender que el proceso de convertirse en otra persona que inició cuando tenía quince años seguirá adelante sin remordimientos hasta que se haya extinguido todo recuerdo de la familia y el país que dejó atrás? ¿Cuándo comprenderá que ha crecido tan lejos de ella que podría ser un total desconocido?

En las cartas su madre le cuenta noticias de la familia, le informa de sus últimos trabajos (va de escuela en escuela sustituyendo a maestros de baja por enfermedad). Acaba las cartas deseándole buena salud, que no haya sucumbido a la gripe que ha oído que arrasa Europa. Por lo que respecta a los problemas de Sudáfrica, no le escribe sobre el tema porque él le ha dejado claro que no le interesa.

Menciona que ha perdido los guantes en un tren. Error. De inmediato recibe un paquete por correo aéreo: un par de manoplas de piel de borrego. Los sellos cuestan más que las manoplas.

Su madre escribe las cartas los domingos a última hora de la tarde y las envía a tiempo para la recogida del lunes por la mañana. A él no le cuesta nada imaginar la escena, en el piso al que sus padres y su hermano se mudaron cuando tuvieron que vender la casa de Rondebosch. Han terminado de cenar. Ella recoge la mesa, se pone las gafas, se acerca la lámpara. «¿Qué haces?», pregunta su padre, que teme las tardes del domingo, cuando ya ha leído de cabo a rabo el *Argus* y no tiene nada más que hacer. «Tengo que escribirle a John», responde ella con los labios enfurruñados, haciéndole callar. «Queridísimo John», empieza.

¿Qué espera conseguir con las cartas esta mujer obstinada y sin gracia? ¿Es que no ve que las pruebas de su fidelidad, por mucho que se emperre, nunca le harán ablandarse y regresar? ¿Es que no puede aceptar que su hijo no es normal? Debería concentrar su amor en su hermano y olvidarse de él. Su hermano es un ser mucho más simple e inocente. Su hermano tiene un corazón tierno. Que cargue él con la responsabilidad de quererla; que le digan a su hermano que de ahora en adelante es el primogénito, el más querido de su madre. Entonces él, el olvidado, podrá llevar la vida que le plazca.

Eso es lo peor. La trampa que su madre ha construido, una trampa de la que todavía no ha encontrado el modo de escapar. Si cortara todas las ataduras, si no escribiera nunca, su madre deduciría lo peor, la peor conclusión posible; y solo pensar en el dolor que la atravesaría en ese momento le da ganas de taparse los ojos y los oídos. Mientras viva su madre él no se atreve a morir. Mientras viva su madre, por tanto, su vida no le pertenece. No puede derrocharla. Aunque no se quiere demasiado a sí mismo, debe cuidarse por su madre, hasta el punto de abrigarse, comer sano y tomar vitamina C. En cuanto al suicidio, no cabe ni planteárselo.

Las únicas noticias sobre Sudáfrica que recibe le llegan a través de la BBC y del *Manchester Guardian*. Lee los artículos del *Guardian* con terror. Un granjero ata a un árbol a uno de sus trabajadores y lo azota hasta matarlo. La policía dispara al azar a la multitud. Un prisionero aparece muerto en su celda, colgado de una tira de sábana, con la cara amoratada y ensangrentada. Un horror tras otro, una atrocidad tras otra, sin descanso.

Sabe lo que piensa su madre. Su madre cree que el mundo no entiende a Sudáfrica. En Sudáfrica los negros tienen mucho más dinero que en cualquier otro lugar de África. Las huelgas y las protestas están fomentadas por agitadores comunistas. Por lo que respecta a los trabajadores del campo que reciben el salario en forma de maíz y tienen que vestir a sus hijos con bolsas de yute para protegerlos del frío invernal, su madre admite que es una desgracia. Pero esas cosas solo ocurren en el Transvaal. Son los afrikáners del Transvaal, con sus odios, sus resentimientos y sus corazones insensibles, los que dan mal nombre al país.

Él opina, como no duda en comunicarle a su madre, que en lugar de dar un discurso tras otro en Naciones Unidas, los rusos deberían invadir Sudáfrica sin más dilación. Deberían lanzar paracaidistas sobre Pretoria, capturar a Verwoerd y sus compinches, alinearlos contra una pared y dispararles.

Lo que los rusos tendrían que hacer luego, después de matar a Verwoerd, no lo dice, porque aún no lo ha pensado. Hay que hacer justicia, es lo único que importa; el resto es política, y a él no le interesa la política. Hasta donde llega su memoria, los afrikáners han pisoteado a la gente porque, según ellos, una vez también fueron pisoteados. Bueno, pues que la rueda gire otra vez, que se responda a la fuerza con una fuerza mayor. Se alegra de estar fuera.

Sudáfrica es como un albatros alrededor del cuello. Quiere que se lo quiten, le da igual como, para poder respirar.

No tiene que comprar el *Manchester Guardian*. Hay otros periódicos más fáciles: *The Times*, por ejemplo, o el *Daily Telegraph*. Pero puede confiar en que el *Manchester Guardian* no se saltará ninguna noticia de Sudáfrica que haga que se le encoja el corazón. Al menos, leyendo el *Manchester Guardian* puede estar seguro de estar al corriente de lo peor.

No se ha puesto en contacto con Astrid desde hace semanas. Ahora ella le telefonea. La estancia de Astrid en Inglaterra ha terminado, se vuelve a Austria.

—Supongo que no volveré a verte —dice ella—, así que he llamado para despedirme.

Intenta no parecer afectada, pero tiene la voz llorosa. Sintiéndose culpable, le propone a Astrid una nueva cita. Toman café juntos; ella le acompaña a su habitación y pasa la noche con él («nuestra última noche», lo llama Astrid), llorando quedamente sin soltarlo un momento. Por la mañana temprano (es domingo) la oye escabullirse de la cama y dirigirse de puntillas al baño del rellano para vestirse. Cuando regresa finge estar dormido. Bastaría la menor insinuación para que ella se quedara. Si él prefiriera hacer otras cosas antes de prestarle atención, como por ejemplo leer el periódico, Astrid se sentaría a esperar en silencio en un rincón. Parece que a las chicas de Klagenfurt les enseñan a comportarse así: no pedir nada, esperar a que el hombre esté listo y entonces servirle.

Le gustaría ser más amable con Astrid, que es muy joven y está muy sola en una gran ciudad. Le gustaría secarle las lágrimas, hacerla sonreír; le gustaría demostrarle que su corazón no es tan duro como parece, que es capaz de responder a su buena voluntad con buena voluntad, con la buena voluntad de abrazarla como ella quiere ser abrazada y de escuchar las historias sobre su madre y sus hermanos. Pero tiene que ir con cuidado. Demasiada calidez y Astrid podría cancelar su billete, quedarse en Londres, mudarse a su casa. Dos derrotados dándose cobijo uno en los brazos del otro, consolándose: la perspectiva es demasiado humillante. Lo mismo podrían casarse y pasar luego el resto de la vida cuidando el uno del otro como inválidos. Así que no insinúa nada, sino que permanece tumbado con los ojos bien cerrados hasta que oye el crujido de las escaleras y el ruido de la puerta principal al cerrarse.

Es diciembre, y el tiempo ha empeorado. Nieva, la nieve se convierte en nieve fangosa, la nieve fangosa se congela: hay que andar por las aceras buscando puntos de apoyo como un montañero. Un manto de niebla cubre la ciudad, niebla cargada de sulfuro y polvo de carbón. Hay cortes de electricidad; los trenes se detienen; los ancianos mueren congelados en sus casas. El peor invierno en siglos, anuncian los periódicos. Sube por Archway Road resbalando y patinando sobre el hielo, cubriéndose la cara con una bufanda, tratando de no respirar. Le huele la ropa a sulfuro, tiene mal sabor de boca, cuando tose expulsa una flema negruzca. En Sudáfrica es verano. Si estuviera allí estaría en la playa de Strandfontein, corriendo kilómetros y kilómetros sobre arena blanca y bajo un gran cielo azul. Por la noche revienta una cañería de la habitación. El suelo está inundado. Se despierta rodeado de una capa de hielo.

Los periódicos aseguran que es otra vez como durante el bombardeo de la Segunda Guerra Mundial. Publican historias de sopas bobas para pobres organizadas por voluntarias, de brigadas de reparaciones trabajando toda la noche sin descanso. Dicen que la crisis está sacando a relucir lo mejor de los londinenses, que se enfrentan a la adversidad con fortaleza serena y rapidez de reacción.

En cuanto a él, tal vez vista como un londinense, vaya a trabajar como un londinense, sufra el frío como un londinense, pero no es de reacciones rápidas. Los londinenses no le tomarían por auténtico ni por casualidad. Al contrario, los londinenses le reconocen en el acto como uno de esos extranjeros que por razones que ellos sabrán deciden vivir en un lugar al que no pertenecen.

¿Cuánto tiempo tendrá que vivir en Inglaterra hasta que le tomen por auténtico, por inglés? ¿Bastará con conseguir el pasaporte británico, o un apellido extranjero que suena extraño le excluirá para siempre? Y, de todos modos, ¿qué significa «convertirse en inglés»? Inglaterra son dos naciones: tendrá que elegir, elegir si quiere ser inglés de clase media o inglés de clase obrera. Por lo visto, ya ha elegido. Viste el uniforme de la clase media, lee periódicos de clase media, imita el habla de la clase media. Pero no bastará con detalles externos como esos para ganarse la admisión, ni mucho menos. Por lo que sabe, la admisión en la clase media –la admisión de pleno derecho, no una entrada temporal válida para ciertas horas del día en determinados días al año– se decidió hace años, incluso generaciones, de acuerdo a reglas que él nunca entenderá. En cuanto a la clase obrera, no comparte sus diversiones, apenas les entiende cuando hablan y nunca se ha sentido bienvenido en lo más mínimo. Las chicas de IBM tienen novios de clase obrera, no piensan más que en casarse y tener hijos y una casa de protección oficial, y responden con frialdad a sus acercamientos. Puede que viva en Inglaterra, pero desde luego no por invitación de la clase obrera inglesa.

Hay más sudafricanos en Londres, miles, según dicen. También hay canadienses, australianos, neozelandeses, hasta estadounidenses. Pero no son inmigrantes, no están aquí para quedarse, para convertirse en ingleses. Han venido a divertirse o a estudiar o a ganar algo de dinero antes de salir de viaje por Europa. Cuando hayan tenido bastante del Viejo Mundo se volverán a casa y reanudarán sus vidas reales.

En Londres también hay europeos, no solo estudiantes de idiomas, sino también refugiados del bloque del Este y, desde hace más tiempo, de la Alemania nazi. Pero su situación es diferente. Él no es un refugiado; o mejor, aunque presentara una petición de asilo político en el Ministerio de Exteriores no se lo otorgarían. ¿Quién le tiene oprimido?, preguntarían en el Ministerio. ¿De qué huye? Del aburrimiento, respondería. De la ignorancia. De la atrofia moral. De la vergüenza. ¿Adónde le llevaría una petición así?

Además, está Paddington. Pasea por Maida Vale o Kilburn High Road a las seis de la tarde y, a la fantasmal luz de las farolas de sodio, ve multitud de antillanos que vuelven a casa protegiéndose del frío. Caminan con la espalda encorvada, con las manos hundidas en los bolsillos, tienen la piel de un tono grisáceo, como el polvo. ¿Qué les traerá de Jamaica y Trinidad hasta esta ciudad sin corazón donde el frío se filtra desde las piedras de la calle, donde las horas de luz diurna se pasan en un trabajo monótono y los anocheceres acurrucado alrededor de una estufa de gas en alguna habitación alquilada con el papel de las paredes pelado y los muebles combados? Seguro que no están todos aquí para convertirse en poetas famosos. La gente con la que trabaja es demasiado educada para manifestar su opinión sobre los visitantes extranjeros. No obstante, por sus silencios sabe que no le quieren en el país, no de verdad. Sobre la cuestión de los antillanos también mantienen silencio, pero puede leer lo que piensan. En las paredes hay pintadas que dicen NEGRATAS FUERA. En las ventanas de las pensiones se anuncia ABSTENERSE GENTE DE COLOR. Mes a mes, el gobierno endurece las leyes de inmigración. Se detiene a los antillanos en el puerto de Liverpool y se les retiene hasta desesperarlos, y luego se les embarca de vuelta al lugar de donde vinieron. Si a él no le hacen sentirse tan indefenso e inoportuno como a ellos es solo gracias a su coloración protectora: traje Moss Brothers, piel blanca.

13

«Tras considerarlo seriamente he llegado a la conclusión...»
«Después de meditarlo profundamente he llegado a la conclusión...»
Lleva más de un año al servicio de IBM: invierno, primavera, verano, otoño, otro invierno y ahora comienzos de otra primavera. Incluso dentro de la agencia de la calle Newman, un edificio con ventanas selladas y aspecto de caja, nota el suave cambio del aire. No puede seguir así. No puede seguir sacrificando su vida según el principio de que los seres humanos deben padecer los sinsabores del trabajo para ganarse el pan, un principio que por lo visto comparte sin saber dónde lo aprendió. No puede pasarse la vida demostrándole a su madre que se ha labrado una vida sólida y que por tanto ya puede dejar de preocuparse por él. Normalmente no sabe lo que quiere, no se molesta en averiguarlo. Saber demasiado bien lo que se quiere augura, en su opinión, la muerte de la chispa creativa. Pero en este caso no puede permitirse seguir vagando a la deriva en su indecisión habitual. Tiene que dejar IBM. Tiene que escapar, por muy humillante que sea.

En los últimos años su caligrafía ha ido empequeñeciendo sin que pudiera controlarlo, empequeñeciendo y volviéndose más hermética. Ahora, sentado a la mesa de trabajo, escribiendo lo que será la notificación de su dimisión, intenta a conciencia hacer las letras más grandes, los bucles más anchos y transmitir más confianza.

«Tras reflexionarlo largamente —escribe al fin—, he llegado a la conclusión de que mi futuro no está en IBM. Por lo tanto, y de acuerdo con lo señalado en el contrato, aviso de mi dimisión con un mes de adelanto.» Firma la carta, la sella, la dirige al doctor B. L. McIver, director de la división de programación, y la deja discretamente en la bandeja de correo interno. En la oficina nadie le dedica ni una mirada. Vuelve a sentarse.

Hasta las tres en punto, cuando pasan a recoger el correo, tiene tiempo para reconsiderar la decisión, tiempo para recuperar la carta de la bandeja y romperla. Una vez hayan repartido la carta, sin embargo, la suerte estará echada. Mañana la noticia se habrá extendido por todo el edificio: uno de los chicos de McIver, uno de los programadores de la segunda planta, el sudafricano, ha dimitido. Nadie querrá que le vean hablar con él. Le enviarán a Coventry. Así van las cosas en IBM. Sin resentimientos. Le catalogarán de rajado, perdedor, impuro.

A las tres en punto aparece la mujer del correo. Él se concentra en sus papeles, le va a estallar el corazón.

Media hora más tarde lo convocan al despacho de McIver. McIver es presa de una furia fría.

—¿Qué es esto? —dice, señalando la carta abierta que está sobre la mesa.

—He decidido presentar la dimisión.

—¿Por qué?

Había supuesto que McIver se lo tomaría a mal. McIver es la persona que le entrevistó para el puesto, el que le aceptó y le dio el visto bueno, el que se tragó el cuento de que no era más que un tipo normal de las colonias que planeaba hacer carrera en el mundo de los ordenadores. McIver también tiene jefes a los que tendrá que explicar su error.

McIver es alto. Viste con pulcritud, habla con acento de Oxford. No le interesa la programación como ciencia, habilidad, oficio o lo que sea. Simplemente es directivo. Es lo que sabe hacer bien: asignar tareas a la gente, organizarles el tiempo, dirigirlos, hacerlos rentables.

—¿Por qué? —vuelve a preguntar McIver con impaciencia.

—No me parece que trabajar en IBM sea demasiado gratificante a nivel humano. No me llena.

—Siga.

—Esperaba algo más.

—¿Como qué?

—Esperaba amistad.

—¿Considera que el ambiente es poco amigable?

—No, poco amigable no, en absoluto. La gente ha sido muy amable. Pero la amabilidad y la amistad no son lo mismo.

Había esperado que le permitieran que la carta fuera su última palabra. Pero había sido una esperanza ingenua. Debería haberse dado cuenta de que la considerarían el primer disparo de la guerra.

—¿Qué más? Si tiene algo más en mente, este es el momento de decirlo.

—Nada más.

—Nada más. Comprendo. Echa de menos tener amigos. No ha hecho amigos.

—Sí, exacto. No culpo a nadie. Probablemente sea culpa mía.

—Y por eso quiere dimitir.

—Sí.

Ahora que lo ha dicho le parece una estupidez, es una estupidez. Le están manipulando para que diga estupideces. Pero debería haberlo supuesto. Así le harán pagar el que los rechace a ellos y al trabajo que le han dado, un trabajo en IBM, el líder del mercado. Como un ajedrecista principiante, arrinconado en las esquinas y al que han hecho mate en diez movimientos, en ocho, en siete. Una lección de dominación. Bien, adelante. Que muevan sus fichas, que el seguirá con sus movimientos de retirada estúpidos, fácilmente previsibles, fácilmente predecibles, hasta que se aburran del juego y le dejen marchar.

McIver da por terminada la entrevista con brusquedad. De momento ya está. Puede regresar a su mesa. Por una vez ni siquiera tiene la obligación de trabajar hasta tarde. Puede salir a las cinco, con toda la tarde para él.

A la mañana siguiente, a través de la secretaria de McIver —se ha cruzado con McIver, que no le ha devuelto el saludo—, se le ordena que informe sin dilación a la oficina central de IBM en la City, al departamento de personal. Está claro que al hombre de personal que atiende su caso le han contado la queja sobre las amistades que IBM ha sido incapaz de ofrecerle. Tiene una carpeta abierta sobre la mesa; empieza el interrogatorio, va marcando temas tratados. ¿Cuánto hace que no es feliz en el trabajo? ¿En algún momento habló de su insatisfacción con su superior? Si no fue así, ¿por qué no lo hizo? ¿Sus colegas de la calle Newman han sido abiertamente antipáticos? ¿No? ¿Podría ampliar entonces el motivo de su queja?

Cuanto más repiten las palabras «amigo», «amistad», «amigable», más raras suenan. Se imagina al hombre diciéndole que si está buscando amigos, se inscriba en un club, juegue a bolos, haga volar maquetas de aviones o colecciones sellos. ¿Por qué esperar que su empresa, IBM, International Business Machines, fabricante de calculadoras electrónicas y ordenadores, se los proporcione?

Por supuesto, el hombre tiene razón. ¿Qué derecho tiene a quejarse, sobre todo en este país, donde todos son fríos con los demás? ¿Acaso no es por eso por lo que admira a los ingleses, por su contención emocional? ¿No es por eso por lo que escribe, en su tiempo libre, una tesis sobre la obra de Ford Madox Ford, un fanático medio alemán del laconismo inglés?

Confuso y dubitativo, explica mejor su queja. Su explicación le resulta tan impenetrable al tipo de personal como la queja en sí misma. «Malentendido»: esa es la palabra que el hombre anda buscando. «Ha sido un malentendido del empleado»: esta formulación le parecería apropiada. Pero a él no le apetece ayudarle. Que busquen ellos solos la manera de encasillarlo.

Lo que el hombre tiene un mayor interés en descubrir es lo que hará a continuación. ¿Es toda su cháchara sobre la falta de amistades una simple tapadera para pasarse de IBM a uno de los competidores de IBM en el campo de las máquinas de negocios? ¿Se le han hecho promesas, se le han ofrecido incentivos?

No podría mostrarse más contundente en sus negativas. No tiene otro empleo a la vista, ni con un competidor ni con nadie. No ha ido a ninguna entrevista. Se va de IBM simplemente para irse de IBM. Quiere libertad, nada más.

Cuanto más habla, más tonto parece, más fuera de lugar en el mundo de los negocios. Pero al menos no dice «Me voy de IBM para convertirme en poeta». Como mínimo sigue siendo su secreto.

Cuando menos lo esperaba, en mitad de todo esto, recibe una llamada de Caroline. Está de vacaciones en la costa sur, en Bognor Regis, sin nada que hacer. ¿Por qué no coge el tren y pasa el sábado con ella?

Pasa a recogerle a la estación. Alquilan unas bicicletas en una tienda de la calle Main; pronto están pedaleando por solitarios caminos rurales entre campos de trigo tierno. Hace un calor excepcional. Suda. No va vestido para la ocasión: pantalones de franela gris y chaqueta. Caroline lleva un túnica corta de color tomate y sandalias. Su melena rubia brilla, sus largas piernas relucen mientras pedalea; parece una diosa.

¿Qué está haciendo en Bognor Regis?, le pregunta a Caroline. Visitar a una tía, una tía inglesa a la que hace tiempo que no veía. No le pregunta más.

Se paran en la cuneta, cruzan una cerca. Caroline ha traído bocadillos; encuentra sitio a la sombra de un castaño y comen. Después nota que a ella no le importaría que le hiciera el amor. Pero está inquieto, está al aire libre, donde en cualquier momento un granjero o incluso un policía podría verlos y preguntarles qué se creen que están haciendo.

—He dejado IBM —dice.

—Bien. ¿Qué vas a hacer?

—No sé. Estaré un tiempo sin hacer nada, creo.

Caroline espera más explicaciones, espera oír sus planes. Pero él no tiene nada más que decir, ni planes, ni ideas. ¡Será zopenco! ¿Por qué una chica como Caroline se molesta en tenerle a remolque, una chica que se ha aclimatado a Inglaterra, ha tenido éxito en la vida, le ha superado en todos los sentidos? Solo se le ocurre una explicación: todavía le ve como era en Ciudad del Cabo, cuando todavía podía presentarse como poeta en ciernes, cuando todavía no se había convertido en lo que hoy es, en lo que IBM ha hecho de él: un eunuco, un zángano, un chico preocupado por no perder el tren de las 8.17 a la oficina.

En otros lugares de Gran Bretaña se organiza una despedida para los empleados que se van: si no se les regala un reloj de oro, al menos se celebra una reunión durante la pausa para el té, se le ofrece un discurso, una ronda de aplausos y buenos deseos, sean sinceros o no. Lleva suficiente en el país para saberlo. Pero no en IBM. IBM no es Gran Bretaña. IBM es la nueva ola, las nuevas maneras. Por eso IBM va a abrirse camino entre la oposición británica. La oposición sigue atrapada en las viejas, ineficientes y relajadas costumbres británicas. IBM, por el contrario, es eficiente, dura e inmisericorde. Así que no tiene despedida el último día de trabajo. Recoge su mesa en silencio, se despide de los colegas programadores.

—¿Qué vas a hacer? —le pregunta con cautela uno de ellos. Todos han oído el cuento de las amistades, que los incomoda.

—Bueno, ya veré.

Resulta interesante levantarse a la mañana siguiente sin tener que ir a ningún sitio en particular. Es un día soleado: coge un tren a Leicester Square, da una vuelta por las librerías de Charing Cross Road. Lleva barba de un día; ha decidido dejársela crecer. A lo mejor con barba no queda tan fuera de lugar entre los jóvenes elegantes y las chicas guapas que salen de las escuelas de idiomas y viajan en metro. Dejemos que la cosa siga su curso. Ha decidido que en adelante buscará la suerte en cada esquina. Las novelas están plagadas de encuentros fortuitos que acaban en romance; en romance o en tragedia. Está listo para el romance, listo incluso para la tragedia, de hecho, está listo para lo que sea siempre y cuando le consuma y renueve. Al fin y al cabo, para eso está en Londres: para deshacerse de su antiguo yo y dar vida al nuevo, al verdadero y apasionado; y ahora ya no hay ningún impedimento.

Pasan los días y hace simplemente lo que le viene en gana. Técnicamente hablando, su situación es ilegal. Enganchado al pasaporte tiene el permiso de trabajo que le autoriza a residir en Gran Bretaña. Ahora que no tiene empleo, el permiso carece de valor. Pero si no llama la atención, quizá las autoridades, la policía o quienquiera que sea el responsable, le pasen por alto.

En el horizonte asoma el problema monetario. Sus ahorros no durarán indefinidamente. No tiene nada que vender. Prudentemente, deja de comprar libros; cuando el tiempo acompaña pasea en lugar de coger el tren; se alimenta de pan con queso y manzanas.

La suerte no le acompaña. Pero la suerte es impredecible, hay que darle tiempo. Solo puede estar preparado para el día en que la suerte le sonría.

14

Libre para hacer cuanto le plazca, pronto ha leído hasta el final el gran corpus de escritos de Ford. Se acerca el momento de emitir un juicio. ¿Qué dirá? En ciencias se pueden presentar resultados negativos, la imposibilidad de confirmar una hipótesis. ¿Y en letras? Si no tiene nada nuevo que decir sobre Ford, ¿lo correcto, lo honorable, sería confesar que ha cometido un error, renunciar a la beca y devolver el dinero, o sería permisible entregar en lugar de una tesis un informe del chasco que se ha llevado con el tema, de lo decepcionado que está de su héroe?

Maletín en mano, sale del British Museum y se suma a la muchedumbre que recorre la calle Great Russell: miles de almas y a ninguna de ellas le importa un pimiento lo que piense de Ford Madox Ford ni de cualquier otra cosa. Cuando llegó a Londres solía mirar fijamente a la cara de los transeúntes a la caza de la esencia única de cada uno. Era una forma de decir: «¡Mira, te estoy mirando!». Pero las miradas descaradas no le llevaron a ninguna parte en una ciudad donde, enseguida lo descubrió, ni hombres ni mujeres le devolvían la mirada, sino que, al contrario, la esquivaban con frialdad.

Cada rechazo a su mirada le sentaba como un pinchazo con un cuchillo minúsculo. Una y otra vez le veían, notaban su espera y le rechazaban. Pronto empezó a perder los nervios, a estremecerse antes incluso de que llegara el rechazo. Con las mujeres le resultaba más fácil mirar de modo encubierto, robar miradas. Cualquiera diría que así era como se miraba en

Londres. Pero las miradas robadas tenían algo de sospechosas, sucias; no conseguía quitarse de encima esa sensación. Era preferible no mirar. Era preferible no sentir curiosidad por los vecinos de uno, ser indiferente.

Ha cambiado mucho en el tiempo que lleva aquí; no está seguro de si para bien. Durante el invierno recién terminado hubo ocasiones en que pensó que moriría de frío, tristeza y soledad. Pero lo ha superado, a su manera. Para cuando llegue de nuevo el invierno, el frío y la tristeza tendrán menos poder sobre él. Entonces estará en camino de convertirse en un verdadero londinense, duro como una piedra. Convertirse en una piedra no era uno de sus objetivos, pero tal vez tenga que acostumbrarse.

En general, Londres está resultando una gran lección. Sus ambiciones son ya más moderadas de lo que solían, mucho más moderadas. Los londinenses le decepcionaron al principio por su falta de ambición. Ahora va camino de unírseles. Cada día la ciudad le alecciona, le castiga; está aprendiendo como un perro, a fuerza de palos.

No sabiendo qué quiere decir sobre Ford, si es que quiere decir algo, cada día se queda en la cama hasta más tarde. Cuando finalmente se sienta a la mesa, es incapaz de concentrarse. El verano contribuye a su confusión. El Londres que conoce es una ciudad invernal donde vas tirando con la única expectativa de que caiga la noche y la hora de dormir para olvidar. En los días de verano, que parecen pensados para la buena vida y la diversión, la prueba continúa: lo que ya no tiene claro es qué parte está a prueba. A veces le parece que se le pone a prueba por el placer de hacerlo, para comprobar si lo soportará.

No lamenta haber dejado IBM. Pero ahora no tiene a nadie con quien hablar, ni siquiera Bill Briggs. Pasan días y días sin que por sus labios salga una sola palabra. Empieza a marcarlos en su diario con una S: días de silencio.

Junto a la salida del metro choca sin querer contra un viejo que vende diarios.

—¡Perdón!

—¡Mire por dónde va! —gruñe el hombre.

—¡Perdón! —repite.

«Perdón»: le cuesta pronunciar esta palabra, pesada como una piedra. ¿Una palabra de clase indeterminada cuenta como hablar? ¿Lo que ha ocurrido entre el viejo y él puede considerarse un ejemplo de contacto humano, o es mejor describirlo como una mera interacción social, como un roce de antenas entre hormigas? Desde luego, para el viejo no ha sido nada. El viejo pasa todo el día allí con su pila de periódicos, refunfuñando consigo mismo; siempre a la espera de poder meterse con algún transeúnte. Mientras que en su caso el recuerdo de una sola palabra persistirá durante semanas, quizá durante el resto de su vida. Chocarse con la gente, pedir perdón, ser insultado: una treta, una manera barata de forzar una conversación. Cómo engañar a la soledad.

Está en el valle de las pruebas y no le está yendo demasiado bien. Sin embargo, no puede ser el único que está a prueba. Tiene que haber otras personas que hayan atravesado el valle y llegado al otro lado; tiene que haber personas que hayan esquivado las pruebas. También él podría ahorrárselas si quisiera. Por ejemplo, podría salir huyendo hacia Ciudad del Cabo y no regresar jamás. Pero ¿es lo que quiere? Por supuesto que no, aún no.

Pero ¿y si se queda y fracasa en las pruebas, fracasa vergonzosamente? ¿Y si a solas en su cuarto se echa a llorar y no puede parar? ¿Y si una mañana descubre que le falta valor para levantarse, descubre que es más fácil pasar el día en la cama: ese día y el siguiente, y el otro, entre sábanas cada vez más mugrientas? ¿Qué le ocurre a la gente así, a la gente que no está a la altura de las pruebas y se viene abajo?

Conoce la respuesta. Los facturan a algún lugar para se ocupen de ellos: a algún hospital, asilo, institución. En su caso se limitarían a facturarlo de vuelta a Sudáfrica. Los ingleses ya tienen bastante con ocuparse de los suyos, ya tienen bastante gente que fracasa en las pruebas. ¿Por qué tendrían que ocuparse también de los extranjeros?

Se entretiene delante de un portal en la calle Greek, en el Soho. «Jackie: Modelo», anuncia la placa de encima del timbre. Necesita contacto humano: ¿qué hay más humano que el contacto sexual? Los artistas han frecuentado prostitutas desde tiempo inmemorial y no por ello son peores, artistas y prostitutas comparten bando en el campo de batalla social. Pero «Jackie: Modelo»... ¿En este país las modelos son siempre prostitutas, o en el negocio de venderse existen gradaciones, gradaciones de las que nadie le ha hablado? ¿Es posible que en la calle Greek «modelo» signifique algo muy especializado, gustos especiales: una mujer posando desnuda bajo un foco, por ejemplo, rodeada por hombres en chubasquero que la miran furtivamente entre las sombras, con lascivia? En cuanto haya llamado al timbre, ¿habrá manera de preguntar, de descubrir lo que es antes de que lo hagan entrar? ¿Y si resulta que Jackie es vieja o gorda o fea? ¿Y el protocolo? ¿Es así como se visita a alguien como Jackie –sin anunciarse–, o se supone que hay que telefonear antes y concertar una cita? ¿Cuánto se paga? ¿Existe una escala que todos los hombres en Londres conocen, todos menos él? ¿Y si ven de inmediato que es un paleto, un bobo, y le cobran de más?

Titubea, se bate en retirada.

En la calle se cruza con un hombre de traje negro que parece reconocerle, parece a punto de pararse a hablar. Es uno de los programadores superiores de la época de IBM, alguien con quien no tuvo mucho trato pero al que siempre consideró con buena disposición hacia él. Duda, y luego, con gesto incómodo, aprieta el paso.

«Y así qué, ¿a qué te dedicas ahora? ¿Llevas una vida de placer?», le habría preguntado el hombre con una sonrisa cordial. ¿Qué podría contestarle? ¿Que no se puede estar siempre trabajando, que la vida es corta, que hay que disfrutar de los placeres mientras se pueda? ¡Menuda broma! ¡Y qué escándalo para las vidas miserables y tenaces que llevaron sus antepasados, sudando con sus ropas negras bajo el calor y el polvo del Karoo para acabar en esto: un joven que se pasea como si tal cosa por una ciudad extranjera, se come sus ahorros, va de putas, finge ser artista! ¿Cómo ha podido traicionarlos tan tranquilamente y esperar que escaparía de sus fantasmas vengadores? Esos hombres y mujeres no estaban hechos para ser felices y disfrutar, y él tampoco. Él es su hijo, condenado de nacimiento a ser sombrío y sufrir. ¿De dónde si no surge la poesía, salvo del sufrimiento, como sangre extraída a una piedra?

Sudáfrica es una herida interna. ¿Cuánto tiempo más tardará en dejar de sangrar? ¿Cuánto más seguirá teniendo que apretar los dientes y aguantar antes de poder decir «Hace tiempo vivía en Sudáfrica, pero ahora vivo en Inglaterra»?

De vez en cuando, por ejemplo, se ve desde fuera: un chico-hombre preocupado, susurrante, tan aburrido y normal que nunca lo mirarías dos veces. Estos instantes de iluminación le perturban; no intenta alargarlos, trata de enterrarlos en la oscuridad, olvidarlos. ¿Es el yo que ve en esos momentos la persona que parece ser o lo que es en realidad? ¿Y si Oscar Wilde tiene razón y no hay verdad más profunda que la apariencia? ¿Se puede ser aburrido y normal no solo en la superficie sino también en lo más hondo y aun así ser artista? ¿Es posible, por ejemplo, que T. S. Eliot fuera en el fondo un aburrido y que su afirmación de que la personalidad del artista es irrelevante para su obra no fuese más que una estratagema para ocultar su sosería?

Es posible, pero no lo cree. Si la cuestión se reduce a elegir entre creerse a Wilde o a Eliot, siempre creerá a Eliot. Si Eliot elige parecer aburrido, elige vestir traje y trabajar en un banco y llamarse a sí mismo J. Alfred Prufrock, tiene que ser un disfraz, parte de la malicia que el artista necesita en la era moderna.

A veces, para descansar de pasear por las calles de la ciudad, se retira a Hampstead Heath. Allí se respira un aire cálido y agradable, los senderos están llenos de madres jóvenes con cochecitos o charlando entre ellas mientras los niños retozan. ¡Tanta paz y satisfacción! Solían impacientarle los poemas sobre flores brotando y brisas de céfiro. Ahora, en la tierra donde fueron escritos, empieza a comprender la profunda alegría que puede nacer con el regreso del sol.

Una tarde de domingo, cansado, pliega la chaqueta a modo de cojín, se estira en la pradera y cae en un sueño o duermevela en que la conciencia no se desvanece, sino que continúa planeando. Es un estado que no conocía: parece notar en la sangre la rotación constante de la tierra. Los gritos lejanos de los niños, el canto de los pájaros y el zumbido de los insectos se unen en un himno de alegría. Le da un vuelco el corazón. ¡Por fin!, piensa. ¡Por fin ha llegado el momento de unidad extasiada con el Todo! Temeroso de que se le escape el momento, intenta frenar el traqueteo de pensamiento, intenta ser simplemente un conductor de la gran fuerza universal que no tiene nombre.

Este acontecimiento señalado no dura más que unos segundos de reloj. Pero cuando se incorpora y sacude la chaqueta, se siente fresco, renovado. Viajó a la gran ciudad tenebrosa para ser puesto a prueba y transformado y, aquí, en esta parcela de césped bajo el suave sol primaveral, por fin han llegado, sorprendentemente, señales de que progresa. Si no ha sido totalmente tranfigurado, al menos ha sido bendecido con la insinuación de que pertenece a este mundo.

15

Debe encontrar maneras de ahorrar dinero. El alquiler es su único gasto importante. Se anuncia en la sección de clasificados del periódico local de Hampstead: «Se ofrece profesional responsable para cuidar casa por poco o mucho tiempo». A los dos interesados que responden les da la dirección de IBM como referencia y espera que no comprueben si todavía trabaja. Intenta transmitir impresión de estricto decoro. Le sale lo bastante bien para conseguir cuidar un piso en Swiss Cottage durante el mes de junio.

No tendrá el piso para él solo, lástima. El piso pertenece a una divorciada con una hija pequeña. Mientras la mujer está en Grecia, la niña y su niñera quedarán a su cargo. Sus responsabilidades serán simples: atender al correo, pagar las facturas, estar disponible en caso de emergencia. Tendrá habitación propia y derecho a cocina.

El cuadro incluye también un ex marido. El ex marido aparecerá los domingos para recoger a la niña. En palabras de la patrona, el hombre es «un poco temperamental» y no debe permitírsele «que se salga siempre con la suya». ¿Qué puede querer el marido?, pregunta él. Quedarse a la niña toda la noche, le informan. Cotillear por el piso. Llevarse cosas. Bajo ningún concepto, no importa el cuento con el que le venga —la divorciada le lanza una mirada elocuente—, debe permitírsele que se lleve algo.

De modo que empieza a entender por qué le necesitan. La niñera, originaria de Malawi, no muy lejos de Sudáfrica, es perfectamente capaz de limpiar el piso, hacer la compra, alimentar a la niña, llevarla a la guardería y pasar a recogerla. Incluso quizá sea capaz de pagar las facturas. De lo que no es capaz es de plantarle cara al hombre que hasta hace poco era su patrón y al que todavía se refiere como «el señor». El trabajo que ha aceptado es, de hecho, el de guarda, guarda el piso y lo que contiene del hombre que hasta fecha reciente solía vivir allí.

El primer día de junio coge un taxi y se muda con el baúl y la maleta desde los sórdidos alrededores de Archway Road a la discreta elegancia de Hampstead.

El piso es grande y aireado; la luz del sol entra a raudales por las ventanas; hay moquetas blancas y suaves, estanterías llenas de libros prometedores. Es todo bastante diferente de lo que ha visto en Londres hasta ahora. No puede creerse la suerte que tiene.

Mientras deshace el equipaje, la niña, su nueva responsabilidad, vigila desde la puerta todos sus movimientos. Nunca ha tenido que cuidar de un niño. ¿Tiene un vínculo natural con los niños porque en cierto sentido es joven? Despacio, con suavidad y la más reconfortante de sus sonrisas le cierra la puerta a la niña. Al cabo de un rato ella la vuelve a abrir y sigue inspeccionándolo con gravedad. Mi casa, parece estar diciendo. ¿Qué haces tú en mi casa?

Se llama Fiona. Tiene cinco años. Un poco más tarde intenta trabar amistad con ella. En el salón, mientras la niña juega, se arrodilla y acaricia al gato, un macho enorme, lento, capado. El gato le deja hacer, por lo visto tolera todo tipo de atenciones.

—¿Querrá leche? ¿Le traemos algo de leche al gatito?

La niña no se inmuta, no parece haberle oído.

Él va a la nevera, sirve leche en el cuenco del gato, regresa y se lo coloca delante. El gato olisquea la leche fría pero no se la bebe.

La cría está enrollando las muñecas con un cordón, las embute en una bolsa para la colada y las vuelve a sacar. Si es un juego, es un juego cuyo significado no alcanza a imaginar.

—¿Cómo se llaman las muñecas?

La niña no contesta.

—¿Cómo se llama el muñequito negro?

—No es negro —dice la niña.

Se rinde.

—Tengo trabajo —dice, y se retira.

Le han dicho que la niñera se llama Theodora. Theodora todavía no ha comunicado cómo le llamará: desde luego no será «el señor». Ocupa un cuarto al final del pasillo, cerca del de la niña. Se sobreentiende que esos dos cuartos y el de la ropa son territorio de Theodora. El salón es territorio neutral.

Theodora aparenta cuarenta y pico años. Lleva al servicio de los Merrington desde la última temporada que los señores pasaron en Malawi. El ex marido temperamental es antropólogo; los Merrington estaban en el país de Theodora en viaje de campo, grabando música tribal y reuniendo instrumentos. Enseguida Theodora se convirtió, en palabras de la señora Merrington, «no solo en una ayuda para la casa, sino en una amiga». Se la trajeron a Londres por los lazos que había establecido con la niña. Cada mes envía a casa dinero para alimentar, vestir y escolarizar a sus hijos.

Y ahora, de pronto, un desconocido al que este tesoro dobla en edad ha sido puesto al cargo de los dominios de Theodora. Theodora le da a entender con sus modales y sus silencios que no le agrada su presencia.

No la culpa. La cuestión es: ¿su resentimiento esconde algo más que orgullo herido? Debe saber que no es inglés. ¿Le molesta que sea sudafricano, blanco, afrikáner? Seguro que sabe lo que son los afrikáners. Hay afrikáners —barrigudos de nariz roja con pantalón corto y sombrero, gordinflonas con vestidos amorfos— por toda África: en Rodesia, Angola, Kenia y, desde luego, en Malawi. ¿Hay algo que pueda hacer para que comprenda que no es uno de ellos, que se ha ido de Sudáfrica y está decidido a dejarla atrás para siempre? África te pertenece, puedes hacer con ella lo que quieras: si se lo dijera, sin venir a cuento, desde el otro lado de la mesa de la cocina, ¿cambiaría de opinión sobre él?

África es tuya. Lo que parecía perfectamente natural mientras todavía consideraba su hogar ese continente, desde la perspectiva europea empieza a parecer cada vez más ridículo: que un puñado de holandeses hubiesen desembarcado en la playa de Woodstock y reclamaran en propiedad un territorio extranjero que jamás habían visto y que sus descendientes ahora consideren suyo el territorio por derechos de nacimiento. Doblemente absurdo, dado que el grupo que llevó a cabo el primer desembarco entendió mal las órdenes o eligió entenderlas mal. Las órdenes eran cavar un huerto y criar espinacas y cebollas para la flota de las Indias Orientales. Dos acres, tres, cinco a lo sumo: no necesitaban más. Nunca hubo intención de que robaran la mejor zona de África. Solo con que hubieran obedecido las órdenes él no estaría aquí, ni tampoco Theodora. Theodora estaría feliz moliendo mijo bajo el cielo de Malawi y él estaría… ¿haciendo qué? Estaría sentado en la mesa de un despacho de la lluviosa Rotterdam, añadiendo anotaciones en un libro de contabilidad.

Theodora está gorda, de los pies a la cabeza, desde los mofletes gordezuelos hasta los tobillos hinchados. Al caminar se bambolea de un lado a otro, resollando por el esfuerzo. Dentro de casa calza zapatillas; cuando lleva a la niña al colegio por la mañana embute los pies en unas deportivas, se pone un abrigo largo y negro y un sombrero de punto. Trabaja seis días a la semana. Los domingos va a misa, pero por lo demás pasa su día de asueto en casa. Nunca llama por teléfono; no parece tener vida social. Es inimaginable lo que hace cuando está sola. Él no se atreve a entrar en el cuarto de Theodora ni en el de la niña, ni siquiera cuando no están en casa: a cambio espera que ellas no curioseen en el suyo.

Entre los libros de los Merrington encuentra un volumen de láminas pornográficas de la China imperial. Hombres con sombreros de formas extrañas se abren la ropa y apuntan con grosería sus penes erectos hacia los genitales de mujeres minúsculas que separan y levantan las piernas atentamente. Las mujeres son pálidas y de aspecto suave, como larvas de abeja; sus piernas enclenques parecen pegadas con cola al abdomen. ¿Todavía tienen este aspecto las chinas desnudas, se pregunta, o la reeducación y el trabajo en los campos les han dado cuerpos adecuados, piernas adecuadas? ¿Qué oportunidades tiene de descubrirlo algún día?

Como ha conseguido alojamiento gratis simulando ser un profesional de fiar, tiene que mantener la farsa de que tiene un empleo. Se levanta temprano, más de lo que tiene por costumbre, para desayunar antes de que Theodora y la niña empiecen a molestar. Luego se encierra en su cuarto. Cuando Theodora vuelve de acompañar a la niña a la escuela, sale de manera ostentosa para ir a trabajar. Al principio hasta se pone el traje negro, pero enseguida prescinde de esa parte del disfraz. Regresa a las cinco, a veces a las cuatro.

Es una suerte que sea verano, que no esté limitado al British Museum, las librerías y el cine, sino que pueda pasear por los parques. Más o menos así debió de vivir su padre en los largos períodos en que no tenía trabajo: vagando por la ciudad con su ropa de trabajo o sentado en los bares mirando girar las agujas del reloj, esperando a que fuera una hora prudente para regresar a casa. ¿Es que al final va a acabar siendo como su padre? ¿Es muy profunda su vena irresponsable? ¿Acabará convertido también él en bebedor? ¿Se necesita un temperamento concreto para darse a la bebida?

Su padre bebía brandy. Él lo probó una vez, no recuerda nada más que un regusto metálico desagradable. En Inglaterra la gente bebe cerveza, cuyo amargor tampoco le gusta. Si no le gustan los licores, ¿está salvado, vacunado contra la posibilidad de convertirse en alcohólico? ¿Le esperan otros medios, todavía por descubrir, por los que se manifestará en él su padre?

El ex marido no tarda mucho en hacer acto de presencia. Es domingo por la mañana, dormita en la cama, cómoda y grande, cuando llaman de pronto al timbre de la puerta principal y se oye una llave en la cerradura. Salta de la cama maldiciéndose. «¡Hola, Fiona, Theodora!», llama alguien. Se oye un correteo. Luego su puerta se abre sin previo aviso y los tiene a los dos allí, al hombre con su hija en brazos. Casi no ha tenido tiempo de ponerse los pantalones. «¡Caramba! –dice el hombre–. ¿Qué tenemos aquí?»

Es una de esas expresiones que usan los ingleses; un policía inglés, por ejemplo, al atrapar a alguien con las manos en la masa. Fiona, que podría explicar qué tenemos aquí, decide no hacerlo. En cambio, desde lo alto de los brazos paternos, le mira con frialdad evidente. Es la hija de su padre: tiene los mismos ojos fríos, el mismo ceño.

–Cuido del piso en ausencia de la señora Merrington –dice.

–Ah, sí, el sudafricano. Lo había olvidado. Permítame que me presente. Richard Merrington. Solía ser el señor de esta casa. ¿Qué le parece el sitio? ¿Está a gusto?

–Sí, estoy bien.

–Bien.

Theodora aparece con el abrigo y las botas de la niña. El hombre baja a la niña.

–Haz pipí –le dice– antes de subir al coche.

Theodora y la niña se van. Se quedan los dos solos, él y ese hombre guapo y bien vestido en cuya cama ha estado durmiendo.

–¿Cuánto tiempo piensa quedarse? –pregunta el hombre.

–Solo hasta fin de mes.

–No, quiero decir en el país.

–Ah, de manera indefinida. He dejado Sudáfrica.

–La cosa pinta mal por allí abajo, ¿eh?

–Sí.

–¿Incluso para los blancos?

¿Cómo se responde a una pregunta como esa? «¿Si no quieres morir de vergüenza?» «¿Si quieres escapar del cataclismo inminente?» ¿Por qué en este país las grandes palabras parecen fuera de lugar?

—Sí. Eso creo, al menos.

—Lo cual me recuerda... —El hombre cruza la habitación hacia la hilera de discos, rebusca y elige uno, dos, tres. Es exactamente contra lo que le previnieron, exactamente lo que no debe permitir que ocurra.

—Perdone —dice—, la señora Merrington me pidió específicamente...

El hombre se levanta cuan alto es y le mira de frente.

—¿Qué le pidió específicamente Diana?

—Que no saliera nada del piso.

—Tonterías. Estos discos son míos, ella no los quiere para nada. —Reanuda la búsqueda sin inmutarse, eligiendo más discos—. Si no me cree, telefonéela.

La niña entra en la habitación haciendo ruido con las botas.

—¿Listos para irnos, cielo? —pregunta el hombre—. Adiós. Espero que vaya todo bien. Adiós, Theodora. No te preocupes, volveremos antes de la hora del baño.

Y se va, con su hija y los discos.

16

Llega una carta de su madre. Su hermano se ha comprado un coche, dice, un MG que había tenido un accidente. En lugar de estudiar, su hermano se pasa el día reparando el coche, intentando ponerlo en marcha. También ha hecho amigos nuevos, que no le presenta a su madre. Uno parece chino. Se sientan a fumar en el garaje; su madre sospecha que los amigos traen alcohol. Está preocupada. Su hermano va por el mal camino; ¿cómo puede salvarlo?

Por su parte, está intrigado. Así que por fin su hermano ha empezado a soltarse del abrazo materno. Aunque ha elegido un modo curioso de hacerlo: ¡la mecánica! ¿De veras su hermano sabe arreglar coches? ¿Dónde ha aprendido? Siempre había pensado que, de los dos, él era el más habilidoso con las manos, el más dotado para la mecánica. ¿Siempre estuvo equivocado? ¿Qué más esconde en la manga su hermano?

La carta incluye más noticias. Su prima Ilse y una amiga llegarán en breve a Inglaterra de camino a Suiza, adonde van de acampada. ¿Les enseñará Londres? Su madre le manda la dirección del hostal de Earls Court donde se hospedarán.

Le sorprende que, después de todo lo que le ha dicho a su madre, ella todavía crea que quiere tener contacto con sudafricanos y, en particular, con la familia de su padre. No ha visto a Ilse desde que eran niños. ¿Qué podría tener en común con su prima, una chica que fue a la escuela en un lugar perdido en ninguna parte y a la que no se le ocurre nada mejor que hacer con unas vacaciones por Europa −vacaciones que sin duda pagan sus padres– que patearse la *gemütliche* Suiza, un país que en toda su historia no ha dado ni un solo gran artista? Sin embargo, ahora que le han recordado su nombre, no puede sacarse a Ilse de la cabeza. La recuerda como una niña largirucha y de pies ligeros con la melena rubia recogida en una cola de caballo. Ahora debe de tener como mínimo dieciocho años. ¿En qué se habrá convertido? ¿Y si la vida al aire libre ha hecho de ella, aunque sea por un fugaz momento, una belleza? Ha presenciado este fenómeno muchas veces en los hijos de los granjeros: una primavera de perfección física antes de que empiece el proceso de engorde y embrutecimiento que los convertirá en copias de sus padres. ¿Debería rechazar la oportunidad de pasearse por las calles de Londres con una alta cazadora aria a su lado?

Reconoce el cosquilleo erótico de su fantasía. ¿Qué tienen sus primas, incluso la mera idea de ellas, que le despierta el deseo? ¿Es sencillamente que están prohibidas? ¿Así opera el tabú: creando deseo mediante la prohibición? ¿O la génesis de su deseo es menos abstracta: recuerdos de peleas, chico contra chica, cuerpo contra cuerpo, almacenados desde la infancia y liberados ahora en una descarga de deseo sexual? Eso y quizá la promesa de facilidad, de naturalidad: dos personas con una historia en común, un país, una familia, una intimidad de siempre encarnada desde antes de pronunciar la primera palabra. No se necesitan instrucciones, ni tanteos.

Deja un mensaje en la dirección de Earls Court. Al cabo de unos días recibe una llamada: no de Ilse, sino de su amiga, la compañera, que habla inglés con dificultad y confunde «es» y «son». Tiene malas noticias: Ilse está enferma, con una gripe que ha desembocado en neumonía. Está hospitalizada en Bayswater. Han pospuesto sus planes de viaje hasta que Ilse mejore.

Va a visitar a Ilse en la clínica. Todas sus esperanzas se van a pique. Ilse no es ninguna belleza, ni siquiera es alta, es solo una chica normal de cara redonda y pelo castaño que resuella al hablar. La saluda sin besarla por miedo a la infección.

La amiga también está en la habitación. Se llama Marianne; es baja y rellenita; lleva pantalones de pana y botas y rebosa buena salud. Durante un rato hablan todos en inglés, luego él se relaja y cambia al idioma de la familia, el afrikaans. Aunque lleva un año sin hablar afrikaans, nota que se siente mejor al instante, como si se metiera en un baño de agua templada. Había previsto poder alardear de su conocimiento de Londres. Pero el Londres que Ilse y Marianne quieren ver no es el Londres que él conoce. No puede decirles nada del museo de madame Tussaud, de la Torre de Londres, de la catedral de San Pablo, porque no ha visitado ninguno de esos lugares. No tiene ni idea de cómo llegar a Stratford-on-Avon. Lo que sí es capaz de decirles —qué cines pasan películas extranjeras, qué librerías son las mejores según para qué— no les interesa.

Ilse toma antibióticos; tardará días en recuperarse. Entretanto, Marianne no tiene nada que hacer. Él le proponee dar un paseo por la orilla del Támesis. Con sus botas de escalada y su peinado estúpido, Marianne de Fricksburg está fuera de lugar entre las modernas chicas de Londres, pero a ella no parece importarle. Tampoco le importa que la gente la oiga hablar afrikaans. En cuanto a él, preferiría que Marianne bajara la voz. Le entran ganas de decirle que hablar afrikaans en este país es como hablar nazi, si tal lengua existiera.

Estaba equivocado con las edades. No son unas niñas: Ilse tiene veinte años, Marianne veintiuno. Están en el último curso de la Universidad del Estado Libre de Orange estudiando trabajo social. No le da su opinión, pero para él el trabajo social —ayudar a las ancianas a hacer la compra— no es materia digna de ser impartida en la universidad.

Marianne nunca ha oído hablar de la programación informática y tampoco le interesa. Pero sí que le pregunta cuándo volverá, como ella dice, a casa, *tuis*.

No lo sabe, le contesta. A lo mejor nunca. ¿Es que no le preocupa el camino que lleva Sudáfrica?

Marianne ladea la cabeza. Sudáfrica no está tan mal como dice la prensa inglesa. Los negros y los blancos se llevarían bien si los dejaran en paz. De todos modos, no le interesa la política.

La invita a ver una película en el Everyman. Es *Bande à part* de Godard, una película que él ya ha visto pero que podría ver muchas veces más porque la protagoniza Anna Karina, de quien ahora está tan enamorado como lo estuvo hace un año de Monica Vitti. Puesto que no es una película pedante, no de manera obvia, sino una historia sobre una banda de criminales aficionados e incompetentes, no ve razón para que a Marianne no le guste.

Marianne no es quejica, pero la nota inquieta durante toda la proyección. Cuando la mira fugazmente, la ve mordiéndose las uñas, sin mirar la pantalla. «¿No te ha gustado?», le pregunta después. «No he entendido de qué iba», contesta. Resulta que nunca había visto una película con subtítulos.

A la vuelta la lleva a su piso, o al piso que por el momento es el suyo, a tomar una taza de café. Son casi las once; Theodora se ha acostado. Se sientan con las piernas cruzadas en la gruesa moqueta del salón con la puerta cerrada, hablan en voz queda. Marianne no es su prima, pero es la amiga de su prima, es de casa, la rodea un excitante aire de ilegitimidad. La besa; no parece molestarle que la besen. Se tumban cara a cara en la moqueta; empieza a desabotonarla, desligarla, a bajarle cremalleras. El último tren al sur sale a las 23.30. Está claro que lo perderá.

Marianne es virgen. Lo descubre cuando por fin la tiene desnuda sobre la cama doble. Nunca antes se ha acostado con una virgen, nunca le ha dedicado un solo pensamiento a la virginidad como estado físico. Ahora aprende la lección. Marianne sangra mientras hacen el amor y sigue sangrando después. Con riesgo de despertar a la criada, Marianne tiene que salir al baño para lavarse. Mientras está fuera él enciende la luz. Hay manchas de sangre en las sábanas, tiene sangre por todo el cuerpo. Han estado —la imagen le viene con gran desagrado— retozando en sangre como cerdos.

Marianne regresa envuelta en una toalla de baño.

—Tengo que irme —dice.

—El último tren ya ha salido —contesta él—. ¿Por qué no te quedas a pasar la noche?

No para de sangrar. Marianne se duerme envuelta en la toalla, cada vez más empapada y llena de sangre entre las piernas. Él permanece tumbado a su lado poniéndose nervioso. ¿Debería llamar a una ambulancia? ¿Puede hacerlo sin despertar a Theodora? Marianne no parece preocupada, pero ¿y si solo lo finge por él? ¿Y si es demasiado inocente o demasiado confiada para juzgar lo que pasa?

Está convencido de que no dormirá, pero se queda dormido. Le despiertan voces y el sonido del correr del agua. Son las cinco en punto; los pájaros cantan en los árboles. Se levanta atontado y escucha a través de la puerta: oye la voz de Theodora, luego la de Marianne. No consigue entender lo que dicen, pero seguro que él no sale bien parado.

Aparta la ropa de cama. La sangre ha penetrado hasta el colchón, ha dejado una mancha irregular enorme. Sintiéndose culpable y enfadado, da la vuelta al colchón. Solo es cuestión de tiempo que descubran la mancha. Para entonces será mejor que no esté, se asegurará de haberse marchado.

Marianne regresa del lavabo con un camisón que no es suyo. Le desconciertan el silencio y la mirada enfadada de él.

—No me habías dicho que no lo hiciera —dice Marianne—. ¿Por qué no iba a hablar con ella? Es una anciana encantadora. Una vieja *aia*.

Él telefonea a un taxi, y luego, de forma harto significativa, espera en la puerta principal mientras Marianne se viste. Se va por la mañana temprano y vuelve tarde. Si hay mensajes para él, no lo pregunta. Cuando aceptó el trabajo, se comprometió a cuidar la casa de las visitas del marido y a estar disponible. Ha incumplido sus obligaciones una vez y ahora las está incumpliendo de nuevo, pero no le importa. La inquietante relación sexual, las mujeres cuchicheando, las sábanas ensangrentadas, el colchón manchado: le gustaría olvidar todo el asunto, pasar página.

Llama al hostal de Earls Court disimulando la voz y pregunta por su prima. Se ha ido, le dicen, ella y su amiga. Cuelga el teléfono y se relaja. Están lejos, no tendrá que volver a verlas. Queda la cuestión de qué deducir del episodio, de cómo encajarlo en la historia de su vida, la que se cuenta a sí mismo. Se ha comportado de forma deshonrosa, no cabe duda, se ha comportado como un bellaco. Puede que la palabra sea anticuada, pero es exacta. Se merece que le abofeteen, incluso que le escupan a la cara. A falta de alguien que le dé el bofetón, no duda de que le remorderá la conciencia. *Agenbyte of inwit.* Ese será el trato con los dioses, pues: se castigará a sí mismo, y a cambio espera que la historia de su mal comportamiento no se conozca.

Sin embargo, ¿qué importa al final que la historia no se conozca? Él pertenece a dos mundos separados herméticamente. En el mundo de Sudáfrica no es más que un fantasma, una voluta de humo que se va perdiendo rápidamente y pronto se habrá desvanecido para siempre. En cuanto a Londres, aquí es igual de desconocido. Ya ha empezado a buscarse otro alojamiento. Cuando haya encontrado una habitación cortará todo contacto con Theodora y el hogar de los Merrington y desaparecerá en un mar de anonimato.

Pero este triste asunto implica más cosas que la simple vergüenza. Ha venido a Londres para hacer lo que en Sudáfrica es imposible: explorar las profundidades. Sin descender a las profundidades no se puede ser artista. Pero ¿qué son exactamente las profundidades? Había creído que recorrer calles heladas con el corazón aturdido por la tristeza. Pero quizá las profundidades de verdad son otras y se presentan con formas inesperadas: como un arranque de maldad contra una chica a primera hora de la madrugada, por ejemplo. Quizá las profundidades en las que quería zambullirse han estado dentro de él todo el tiempo, encerradas en su pecho: profundidades de frialdad, crueldad, bellaquería. ¿Dar rienda suelta a sus inclinaciones, a sus vicios, y después torturarse como hace ahora le ayuda a ser artista? No ve cómo.

Al menos el episodio ha terminado, está cerrado, consignado al pasado, sellado en la memoria. Pero no es cierto, no del todo. Recibe una carta con matasellos de Lucerna. La abre sin pensárselo dos veces y empieza a leerla. Está en afrikaans. «Querido John, pensé que debía hacerte saber que estoy bien. Marianne también. Al principio no entendía por qué no llamabas, pero al poco tiempo se animó y lo estamos pasando muy bien. No quiere escribirte, pero he pensado en hacerlo yo para decirte que espero que no trates igual a todas tus chicas, ni siquiera en Londres. Marianne es una persona especial, no se merece que la traten así. Deberías reconsiderar la vida que llevas. Tu prima, Ilse.»

«Ni siquiera en Londres.» ¿Qué quiere decir? ¿Que incluso para los estándares londinenses se ha comportado con deshonor? ¿Qué saben Ilse y su amiga, recién salidas de las inmensidades del Estado Libre de Orange, de Londres y sus estándares? Quiere decirle: Londres empeora. Si estás aquí un tiempo, en lugar de escapar a las praderas y los cencerros, lo descubrirías por ti misma. Pero en realidad no cree que Londres tenga la culpa. Ha leído a Henry James. Sabe lo fácil que es ser malo, que basta con relajarse para que emerja la maldad.

Los momentos más dolorosos de la carta son el principio y el final. Uno no se dirige a un miembro de la familia con *Beste John*, es la fórmula empleada para los desconocidos. Y «Tu prima, Ilse»: ¡quién iba a imaginar que una granjera daría estocadas tan certeras!

Durante días y semanas, incluso después de haberla arrugado y tirado, la carta de su prima le persigue; no las palabras exactas de la página, que enseguida consigue borrar, sino el recuerdo del instante en que, pese a haberse fijado en el sello suizo y en la infantil caligrafía redondeada, abrió el sobre y leyó. ¡Qué tonto! ¿Qué se esperaba: un panegírico de agradecimiento?

No le gustan las malas noticias. En particular, no le gustan las malas noticias sobre él. Ya soy lo bastante duro conmigo mismo, se dice; no necesito la ayuda de los demás. Es una sofistería en la que se apoya de vez en cuando para acallar las críticas: aprendió su utilidad cuando Jacqueline, desde la perspectiva de una mujer de treinta años, le dijo lo que pensaba de él como amante. Ahora, en cuanto una relación empieza a perder fuelle, se retira. Detesta las escenas, los estallidos de mal humor, las verdades desagradables (¿Quieres saber la verdad sobre ti?), y hace todo lo que está en su mano por evitarlos. De todos modos, ¿qué es la verdad? Si él es un misterio para sí mismo, ¿cómo puede no serlo para los demás? Ha pensado en un pacto que está dispuesto a ofrecerle a las mujeres de su vida: si le tratan como a un misterio, las tratará como a un libro cerrado. Solo y exclusivamente sobre esta base se podrá comerciar.

No es tonto. Sabe que su currículo amatorio es del montón. Nunca ha despertado la pasión de un corazón femenino, lo que él llamaría una gran pasión. De hecho, al mirar atrás, no puede recordar haber sido objeto de pasión, de una verdadera pasión de ningún grado. Seguro que esto dice algo de él. En cuanto al sexo en sí, entendido en su sentido más concreto, sospecha que lo que él da es bastante pobre; y lo que obtiene a cambio también. Si la culpa es de alguien, es suya. Porque si no pone corazón, si se contiene, ¿por qué no habría de hacer lo mismo la mujer?

¿El sexo es el baremo para todo? Si fracasa en el sexo, ¿fracasa en la prueba global de la vida? Las cosas serían más fáciles si esto no fuese cierto. Pero cuando mira alrededor, no encuentra a nadie que no reverencie al dios del sexo, salvo quizá algunos dinosaurios, vestigios de la época victoriana. Hasta Henry James, tan correcto en la superficie, tan victoriano, tiene páginas en las que sugiere que todo, al final, es sexo.

De todos los escritores que admira, en el que más confía es Pound. En Pound hay pasión a raudales —el dolor de la ausencia, el fuego de la consumación—, pero es pasión apacible, sin un lado oscuro. ¿Cuál es la clave de la ecuanimidad de Pound? ¿Es que, en tanto que adorador de los dioses griegos en lugar del dios hebreo, Pound es inmune a la culpa? ¿O está tan empapado de gran poesía que su ser físico está en armonía con sus emociones, una cualidad que se comunica inmediatamente a las mujeres y abre su corazón? ¿O, al contrario, el secreto de Pound es simplemente cierto brío vital, un brío atribuible a su educación americana más que a los dioses o a la poesía y que las mujeres reciben como signo de que el hombre sabe lo que quiere y de un modo firme pero amistoso tomará el mando de hacia dónde van los dos? ¿Eso quieren las mujeres: que se las domine, que se las guíe? ¿Por eso los bailarines siguen el código que siguen, donde el hombre marca el paso y la mujer le sigue?

Su propia explicación de sus fracasos amorosos, ya vetusta y cada vez menos creíble, es que todavía no ha encontrado a la mujer adecuada. La mujer adecuada verá, a través de la superficie opaca que presenta al mundo, hasta las profundidades interiores; la mujer adecuada liberará las intensidades de pasión escondidas en él. Hasta que dicha mujer aparezca, hasta el día destinado, se limita a pasar el tiempo. Por eso puede olvidarse de Marianne.

Todavía le corroe una cuestión, que no va a dejarle en paz. ¿La mujer que libere la pasión almacenada en su interior, si es que esa mujer existe, liberará también el flujo de poesía bloqueado o, por contra, depende de él convertirse en poeta y demostrar que es digno de su amor? Estaría bien que la primera opción fuera la buena, pero sospecha que no lo es. Igual que se ha enamorado a distancia de Ingeborg Bachmann en cierto sentido y de Anna Karina en otro, sospecha que la mujer que busca tendrá que reconocerle por sus obras, tendrá que enamorarse de su arte antes de llegar a ser tan loca como para enamorarse de él.

17

Recibe una carta del profesor Howarth, que le supervisa la tesis en Ciudad del Cabo, pidiéndole algunas tareas académicas. Howarth está trabajando en la biografía del dramaturgo del siglo XVII John Webster: quiere que saque copias de ciertos poemas de la colección de manuscritos del British Museum que Webster podría haber escrito de joven y, ya puestos, de cualquier poema manuscrito que encuentre firmado con las iniciales I. W. que parezca una posible obra de Webster.

Aunque los poemas que lee no tienen un mérito especial, le halaga el encargo, porque implica que se le considera capaz de reconocer al autor de *La duquesa de Malfi* solo por el estilo. De Eliot ha aprendido que la prueba del crítico es su habilidad para discriminar. De Pound ha aprendido que el crítico debe ser capaz de reconocer la voz del auténtico maestro entre el balbuceo de la moda. Ya que no sabe tocar el piano, al menos cuando enciende la radio distingue entre Bach y Telemann, Haydn y Mozart, Beethoven y Spohr, Bruckner y Mahler; ya que no sabe escribir, al menos tiene un oído que Eliot y Pound aprobarían.

La cuestión es: ¿Ford Madox Ford, en quien está invirtiendo un tiempo considerable, es un auténtico maestro? Pound promocionó a Ford como el único heredero en Inglaterra de Henry James y Flaubert. Pero ¿habría estado tan seguro Pound si hubiese leído la obra completa de Ford? Si Ford era un escritor tan bueno, ¿por qué hay tanta basura mezclada con sus cinco novelas excelentes?

Aunque se le supone escribiendo sobre la ficción de Ford, le interesan menos las novelas menores de Ford que sus libros sobre Francia. Para Ford no existe felicidad mayor que pasar los días junto a una buena mujer en una casa soleada al sur de Francia, con un olivo frente a la puerta trasera y buen *vin du pays* en la bodega. Provenza, dice Ford, es la cuna de todo lo que de gracioso, lírico y humano hay en la civilización europea; en cuanto a las mujeres de Provenza, con su temperamento fogoso y su bello aspecto aquilino, dejan en ridículo a las mujeres del norte.

¿Hay que creer a Ford? ¿Verá Provenza algún día? ¿Le prestarán alguna atención las fogosas mujeres provenzales, a él, con su notable falta de pasión?

Ford afirma que la civilización de Provenza debe su ligereza y su gracia a una dieta de pescado y aceite de oliva y ajo. En su nuevo alojamiento de Highgate, por deferencia a Ford, compra barritas de pescado en lugar de salchichas, las fríe en aceite de oliva en lugar de mantequilla y las sazona con sal al ajo.

La tesis que está escribiendo no dirá nada nuevo sobre Ford, está claro. Sin embargo, no quiere abandonar. Abandonar cosas es el estilo de su padre. No va a ser como su padre. De modo que empieza a reducir los cientos de páginas con anotaciones en letra minúscula a una red de prosa conexa.

Los días que, sentando en la gran sala de lectura de techo abovedado, se encuentra demasiado cansado o aburrido para seguir escribiendo, se permite el lujo de hojear libros sobre la Sudáfrica de los viejos tiempos, libros que solo se encuentran en grandes bibliotecas, memorias de gente que visitó Ciudad del Cabo como Dapper y Kolbe, Sparrman, Barrow o Burchell, publicados en Holanda, Alemania o Inglaterra hace dos siglos.

Le produce una sensación extraña e inquietante sentarse en Londres a leer sobre calles —Waalstraat, Buitengracht, Buitencingel— por las que únicamente él, de todos los que le rodean con la cabeza hundida entre libros, ha paseado. Pero más aún que las historias sobre la antigua Ciudad del Cabo le cautivan los relatos de aventuras por el interior, exploraciones en carro tirado por bueyes por el desierto del Gran Karoo, donde un viajero podía andar durante días seguidos sin ver un alma. Zwartberg, Leeuwrivier, Dwyka: está leyendo sobre su país, el país de su corazón.

Patriotismo: ¿estará empezando a aquejarle? ¿Está demostrando ser incapaz de vivir sin un país? Después de haberse sacudido el polvo de la fea Sudáfrica actual de los pies, ¿añora la Sudáfrica de los viejos tiempos, cuando el Edén todavía era posible? ¿Los ingleses que le rodean sienten el mismo tirón en la fibra sensible cuando se menciona el monte Rydal o la calle Baker en un libro? Lo duda. Este país, esta ciudad, viven envueltos en siglos de palabras. A los ingleses no les extraña pasear por los mismos sitios que Chaucer o Tom Jones.

Sudáfrica es distinta. Si no fuera por el puñado de libros que ha encontrado, no estaría seguro de si el Karoo no es algo que soñó ayer. Por eso se centra en Burchell en particular, en su dos gruesos volúmenes. Puede que Burchell no sea un maestro como Flaubert o James, pero lo que escribe ocurrió de verdad. Bueyes de verdad los transportaron a él y a sus cajas de especímenes botánicos de parada en parada por el Gran Karoo; estrellas de verdad brillaron sobre su cabeza y la de sus hombres mientras dormían. Se marea solo de pensarlo. Burchell y sus hombres estarán muertos y sus carros reducidos a polvo, pero vivieron de verdad, sus viajes fueron de verdad. La prueba es el libro que tiene entre las manos, el libro titulado para abreviar *Los viajes de Burchell*, concretamente el ejemplar depositado en el British Museum.

Si *Los viajes de Burchell* demuestra que los viajes de Burchell ocurrieron de verdad, ¿por qué otros libros no habrían de hacer reales otros viajes, viajes que de momento solo son hipotéticos? La lógica, por supuesto, es engañosa. No obstante, le gustaría hacerlo: escribir un libro tan convincente como el de Burchell y depositarlo en esta biblioteca que define a todas las bibliotecas. Si, para que su libro sea convincente, tiene que haber un bote de grasa bamboleándose bajo el suelo del carro mientras el vehículo va dando botes sobre las piedras del Karoo, pondrá un bote de grasa. Si tiene que haber cigarras cantando en el árbol bajo el que se detengan a mediodía, pondrá cigarras. El traqueteo del bote de grasa, el canto de las cigarras: confía en que sabrá conseguirlos. La parte difícil será dar al conjunto el aura que lo colocará en las estanterías y por tanto en la historia del mundo: el aura de lo verdadero.

No se está planteando una falsificación. Ya se ha intentado antes: simular encontrar, en un arcón del ático de alguna casa de campo, un diario amarilleado por el tiempo y manchado de humedad donde se describe una expedición por los desiertos tártaros o los territorios del Gran Mogol. Esa clase de engaños no le interesan. El reto al que se enfrenta es puramente literario: escribir un libro cuyo horizonte de conocimiento sea el de la época de Burchell, la década de 1820, y cuya respuesta al mundo siga no obstante viva de un modo en que Burchell, pese a su energía, inteligencia, curiosidad y sangre fría, no podría haber conseguido porque era un inglés en un país extranjero, con la mente puesta parcialmente en Pembrokeshire y las hermanas que había dejado atrás.

Tendrá que aprender a escribir desde la década de 1820. Antes de lograrlo necesitará saber menos de lo que ahora sabe; tendrá que olvidar cosas. Sin embargo, antes de poder olvidar tendrá que saber qué olvidar; antes de poder saber menos tendrá que saber más. ¿Dónde encontrará lo que necesita saber? No tiene formación de historiador, y de todas maneras lo que persigue no son libros de historia, puesto que esta pertenece a lo mundano, tan común como el aire que respira. ¿Dónde encontrará los conocimientos comunes de un mundo pasado, unos conocimientos demasiado humildes para saber que lo son?

18

Lo que ocurre a continuación es un visto y no visto. En el correo de la mesa del recibidor aparece un sobre beis con las siglas OHMS (Al Servicio de Su Majestad) dirigido a él. Se lo lleva a su cuarto y lo abre con el corazón encogido. Tiene veintiún días, le dicen en la carta, para renovar su permiso de trabajo, pasados los cuales se le retirará el permiso de residencia en el Reino Unido. Puede renovar el permiso presentándose con el pasaporte y una copia del formulario I-48, rellenado por su patrón, en las oficinas del Ministerio del Interior de Holloway Road cualquier día laborable de 9.00 a 12.30 y de 13.30 a 16.00. De modo que IBM le ha delatado. IBM ha comunicado al Ministerio del Interior que ha dejado su empleo.

¿Qué tiene que hacer? Tiene dinero para un viaje de ida a Sudáfrica. Pero es inconcebible reaparecer en Ciudad del Cabo como un perro con el rabo entre las piernas, derrotado. De todos modos, ¿qué le espera en Ciudad del Cabo? ¿Reanudar las tutorías en la universidad? ¿Cuánto tiempo podría aguantar? Es demasiado viejo para las becas, tendría que competir con estudiantes más jóvenes y con expedientes mejores. El hecho es que si vuelve a Sudáfrica no volverá a escapar jamás. Se convertirá en una de esas personas que se reúnen en la playa Clifton al atardecer a beber vino y charlar de los viejos tiempos en Ibiza.

Si quiere permanecer en Inglaterra, se le ocurren dos vías posibles. Puede apretar los dientes e intentar dar clases de nuevo o puede volver a la programación.

Existe una tercera opción, hipotética. Podría dejar su residencia actual y fundirse con las masas. Podría vivir de la prostitución en Kent (para eso no se necesitan papeles), trabajar en la construcción. Puede dormir en albergues juveniles, en cocheras. Pero sabe que no lo hará. Es demasiado incompetente para vivir fuera de la ley, demasiado mojigato, tendría demasiado miedo de que le pillaran.

Los anuncios laborales de los periódicos están llenos de demandas de programadores informáticos. Cualquiera diría que Inglaterra nunca tiene bastantes. La mayoría son para vacantes en departamentos de nóminas. Los pasa por alto, solo responde a las empresas informáticas, a los rivales, grandes o pequeños, de IBM. Al cabo de unos días consigue una entrevista con International Computers, cuya oferta acepta sin dudarlo. Está exultante. Vuelve a tener trabajo, está a salvo, no le expulsarán del país.

Hay una pega. Aunque International Computers tiene su sede central en Londres, el puesto para el que le quieren es en el campo, en Berkshire. Para llegar hasta allí tiene que ir hasta Waterloo y hacer una hora de viaje en tren, seguida de un trayecto en autobús. No podrá vivir en Londres. Otra vez la historia de Rothamsted.

International Computers está dispuesta a prestar a los empleados nuevos la entrada para una casa modesta. En otras palabras, con un golpe de bolígrafo podría convertirse en propietario (¡propietario, él!) y por tanto comprometerse a pagar una hipoteca que le ataría al trabajo durante los diez o quince años siguientes. Dentro de quince años será viejo. Bastaría una decisión precipitada y habría renunciado a su vida, renunciado a cualquier oportunidad de convertirse en artista. Con una casita en propiedad en una hilera de casitas de ladrillo rojizo sería absorbido sin dejar rastro por la clase media británica. Lo único que haría falta para completar el cuadro serían el coche y la mujercita.

Inventa una excusa para no firmar el préstamo hipotecario. En cambio, firma un contrato de arrendamiento del piso superior de una casa en las afueras del pueblo. El casero es un ex oficial del ejército, en la actualidad agente de bolsa, al que le gusta que le llamen mayor Arkwright. Le explica al mayor Arkwright lo que son los ordenadores, la programación informática, la sólida carrera que prometen («La industria está a punto de experimentar una enorme expansión»). El mayor Arkwright le llama «cerebrito» con intención jocosa («Nunca habíamos tenido a un cerebrito en el piso de arriba»), designación que acepta sin rechistar. Trabajar para International Computers no se parece en nada a trabajar para IBM. Para empezar, puede empaquetar el traje negro. Tiene despacho propio, un cubículo en un cobertizo prefabricado del jardín trasero de la casa que International Computers ha convertido en laboratorio informático. La Casa Solariega, la llaman: una casona vieja y laberíntica al final de un camino de tres kilómetros sembrado de hojas en las afueras de Bracknell. Se supone que tiene una historia, aunque nadie la conoce.

Pese a la designación «laboratorio informático», en las instalaciones no hay ningún ordenador. Para probar los programas que debe confeccionar tendrá que ir a la Universidad de Cambridge, que posee uno de los tres ordenadores Atlas que existen, todos ligeramente distintos entre sí. El ordenador Atlas —lo lee en las instrucciones que le entregan la primera mañana— es la réplica británica a IBM. En cuanto los ingenieros y programadores de International Computers hayan acabado los prototipos, Atlas será el mayor ordenador del mundo, o al menos el más grande que se pueda comprar en el mercado libre (los militares norteamericanos tienen ordenadores propios, de capacidad desconocida, y presumiblemente también el ejército ruso). Gracias a Atlas la industria informática británica asestará un golpe del que IBM tardará años en recuperarse. Es lo que hay en juego. Por eso International Computers ha reunido un equipo de programadores jóvenes y brillantes, del que ahora él forma parte en su retiro campestre.

Lo que Atlas tiene de especial, lo que le hace único entre todos los ordenadores del mundo, es que posee cierta conciencia de sí mismo. A intervalos regulares –cada diez segundos, o incluso cada segundo– se interroga, se pregunta qué tareas está realizando y si las realiza con eficiencia óptima. Si no las está realizando de manera eficiente, las reordena y las lleva a cabo en otro orden mejor, y así ahorra tiempo y, por tanto, dinero.

Él se encargará de confeccionar la rutina que deberá seguir la máquina al final de cada cambio de cinta magnética. ¿Debería leer otra tira de cinta magnética?, tendría que preguntarse el ordenador. ¿O, por el contrario, debería partirla y leer una tarjeta perforada o una tira de cinta de papel? ¿Debería escribir parte de las salidas acumuladas en otra cinta magnética o debería optar por una ráfaga de computación? Estas preguntas deben contestarse de acuerdo con el principio de eficiencia preponderante. Dispondrá de todo el tiempo que necesite (pero preferiblemente solo seis meses, porque International Computers se ha embarcado en una carrera contra el tiempo) para verter las preguntas y respuestas a un código que la máquina sepa leer y para comprobar que estén formuladas de manera óptima. Todos sus colegas programadores tienen tareas comparables y un calendario similar. Entretanto, los ingenieros de la Universidad de Manchester trabajarán día y noche para perfeccionar el hardware electrónico. Si todo sale conforme a lo previsto, Atlas entrará en producción en 1965.

Una carrera contra el tiempo. Una carrera contra los norteamericanos. Esto puede entenderlo, puede comprometerse con algo así con más empeño del que podía poner en el objetivo de IBM de ganar más y más dinero. Y la programación es interesante. Exige ingenio mental; para hacerla bien exige un dominio virtuoso del lenguaje binario internacional del Atlas. Por las mañanas llega al trabajo con ganas de cumplir con las tareas asignadas. Para mantenerse alerta bebe una taza de café tras otra; le martillea el corazón, le bulle el cerebro; pierde conciencia del tiempo, tienen que llamarlo para almorzar.

Por la tarde se lleva los papeles a sus habitaciones y trabaja por la noche.

Así que, sin saberlo, ¡se estaba preparando para esto! ¡Esto era a lo que le conducían las matemáticas! El otoño se convierte en invierno; apenas se da cuenta. Ya no lee poesía. En su lugar lee libros de ajedrez, sigue las partidas de los grandes maestros, soluciona los problemas de ajedrez del *Observer*. Duerme mal; a veces sueña con programación. Observa este desarrollo interior con interés distante. ¿Se convertirá en uno de esos científicos cuyos cerebros resuelven problemas mientras duermen?

Nota otra cosa. Ha dejado de estar anhelante. Ya no le preocupa buscar a la desconocida bella y misteriosa que había de liberar su pasión interior. En parte, sin duda, porque Bracknell no tiene nada que ofrecer en comparación al desfile de chicas de Londres. Pero no puede evitar ver la conexión entre el final de su anhelo y el fin de la poesía. ¿Significa que está madurando? ¿En eso se resume madurar: superar los anhelos, la pasión, todas las intensidades del alma?

La gente con la que trabaja –hombres todos, sin excepción– son más interesantes que la gente de IBM: más despiertos, puede que también más listos, de un modo que entiende, de un modo muy similar a como se es listo en la escuela. Almuerzan juntos en la cantina de la Casa Solariega. No se andan con tonterías con la comida: pescado con patatas fritas, salchichas con puré, salchichas en pasta, repollo con patatas, pastel de ruibarbo con helado. Le gusta la comida, repite si puede, convierte el almuerzo en la comida principal del día. Por la noche, en casa (es lo que ahora son sus habitaciones en casa de los Arkwright) no se molesta en cocinar, simplemente come pan con queso mientras juega al ajedrez.

Uno de sus compañeros es un indio llamado Ganapathy. Ganapathy llega tarde al trabajo a menudo; algunos días ni siquiera se presenta. Cuando va, no parece trabajar demasiado: se sienta en su cubículo con los pies sobre la mesa y aire soñador. Explica sus ausencias con las excusas más someras

(«No me encontraba bien»). Sin embargo, no le reprenden. Resulta que Ganapathy es una adquisición particularmente valiosa de International Computers. Ha estudiado en Norteamérica, tiene una licenciatura norteamericana en informática. Ganapathy y él son los dos únicos extranjeros del grupo. Cuando el tiempo lo permite, pasean juntos por los terrenos de la casa después de almorzar. Ganapathy desdeña International Computers y todo el proyecto Atlas. Se equivocó al volver a Inglaterra, dice. Los ingleses no saben pensar a lo grande. Debería haberse quedado en Norteamérica. ¿Cómo es la vida en Sudáfrica? ¿Tendría futuro en Sudáfrica?

Disuade a Ganapathy de probar suerte en Sudáfrica. Sudáfrica está muy atrasada, le cuenta, no hay ordenadores. No le cuenta que los foráneos no son bienvenidos a menos que sean blancos.

Llega una racha de mal tiempo, llueve y hace viento un día detrás de otro. Ganapathy no va a trabajar. Puesto que nadie más se pregunta el porqué, decide investigar. Como él, Ganapathy ha esquivado la opción de comprarse una casa. Vive en un piso de la tercera planta de un bloque de protección oficial. Tarda mucho en contestar a la puerta. Al final Ganapathy abre. Va en pijama y sandalias; del interior emana un chorro de aire caliente y olor a podrido.

—¡Adelante, adelante! —dice Ganapathy—. ¡No te quedes al frío!

En el salón no hay más muebles que un sillón delante de un televisor y dos estufas eléctricas encendidas. Detrás de la puerta se amontona una pila de bolsas de basura negras. De ahí procede el mal olor. Con la puerta cerrada el olor resulta nauseabundo.

—¿Por qué no sacas las bolsas?

Ganapathy se muestra evasivo. Tampoco tiene intención de explicar por qué no va a trabajar. De hecho, no parece que tenga ganas de charlar.

Él se pregunta si Ganapathy tendrá una chica en el dormitorio, una chica local, una de las coquetas mecanógrafas o dependientas de los pisos de protección oficial que ve en el autobús. O, quizá, una chica india. Quizá sea la explicación a todas las ausencias de Ganapathy: vive con una bonita india y prefiere hacerle el amor, practicar el tantra, postergar el orgasmo durante horas, a escribir lenguaje de máquinas para el Atlas.

Sin embargo, cuando se dispone a marcharse, Ganapathy sacude la cabeza.

—¿Quieres un vaso de agua? —le ofrece.

Ganapathy le ofrece agua del grifo porque se le han acabado el café y el té. También se ha quedado sin comida. Resulta que no compra comida, a excepción de plátanos, porque no cocina: no le gusta cocinar, no sabe cocinar. Las bolsas de basura contienen sobre todo pieles de plátano. Vive a base de plátanos, chocolatinas y, cuando lo tiene, té. No es el estilo de vida que quisiera. En India vivía en casa, y su madre y sus hermanas cuidaban de él. En Norteamérica, en Columbus, Ohio, vivía en una residencia donde la comida aparecía en la mesa a intervalos regulares. Si tenías hambre entre horas salías y te comprabas una hamburguesa. Había un lugar donde vendían hamburguesas abierto las veinticuatro horas del día en la calle de la residencia. En Norteamérica siempre estaba todo abierto, no como en Inglaterra. Nunca debería haber vuelto a Inglaterra, un país sin futuro donde ni siquiera funciona la calefacción.

Le pregunta a Ganapathy si está enfermo. Ganapathy le quita importancia a la situación: va en pijama para estar calentito, nada más. Pero él no está convencido. Ahora que sabe lo de los plátanos, ve a Ganapathy de otro modo. Ganapathy está como un palillo, no le sobra ni un gramo de carne. Está demacrado. Si no está enfermo, como mínimo se está muriendo de hambre. He aquí que en Bracknell, en el corazón de la periferia londinense, un hombre se muere de hambre porque es demasiado incompetente para alimentarse a sí mismo.

Invita a almorzar a Ganapathy al día siguiente, dándole instrucciones precisas de cómo llegar a casa del mayor Arkwright.

Luego se marcha, busca una tienda que abra el sábado por la tarde y compra lo que encuentra: pan en bolsa de plástico, fiambres, guisantes congelados. A mediodía del día siguiente sirve la mesa y espera. Ganapathy no llega. Como Ganapathy no tiene teléfono, no puede hacer nada, aparte de llevarle la comida a su piso.

Absurdo, pero tal vez sea lo que quiere Ganapathy: que le lleven la comida. Como él, Ganapathy es un chico listo y malcriado. Como él, Ganapathy ha huido de su madre y la vida fácil que le ofrecía. Pero en el caso de Ganapathy, parece haber agotado toda su energía en la huida. Ahora espera a que lo rescaten. Quiere que su madre o alguien como ella venga a salvarle. De lo contrario, se consumirá hasta morir en su piso lleno de basura.

International Computers debería estar al corriente de la situación. Han confiado a Ganapathy una misión clave, la lógica de las rutinas que planifican las tareas. Si Ganapathy cae, todo el proyecto Atlas se retrasará. Pero ¿cómo hacer entender a International Computers el mal que aqueja a Ganapathy? ¿Cómo podría entender alguien en Inglaterra lo que trae a la gente desde rincones remotos del planeta a morir en una isla húmeda y triste que detestan y a la que nada les ata?

Al día siguiente Ganapathy está en su mesa como si nada. No da ninguna explicación de por qué no acudió a la cita. A la hora del almuerzo, en la cantina, está de buen humor, excitado, incluso. Participa en una rifa para un Morris Mini, dice. Ha comprado cien boletos: ¿qué iba a hacer si no con el enorme salario que le paga International Computers? Si gana, podrán ir juntos en coche a Cambridge para las pruebas de programación en lugar de coger el tren. O podrían ir a pasar el día a Londres.

¿Hay algo en todo este asunto que no ha acabado de entender, algo indio? ¿Pertenece Ganapathy a una casta para la que es tabú comer en la mesa de un occidental? Si es así, ¿qué está haciendo con un plato de bacalao con patatas en la cantina de la Casa Solariega? ¿Debería haberle invitado de manera más formal y confirmado la invitación por escrito? Al no presentarse, ¿estaba Ganapathy ahorrándole la vergüenza de encontrarse en la puerta con un convidado al que había invitado por impulso pero al que realmente no deseaba recibir? ¿Dio de algún modo la impresión, al invitar a Ganapathy, de que la invitación no iba de veras, no iba en serio, sino que era un simple gesto y que la buena educación por parte de Ganapathy consistiría en agradecer el gesto sin poner a su anfitrión en el compromiso de darle de comer? ¿Tiene el mismo valor la comida teórica que iban a compartir (fiambres y guisantes congelados hervidos con mantequilla) que los fiambres y los guisantes congelados hervidos ofrecidos y consumidos de verdad? ¿Las cosas entre Ganapathy y él están como antes, mejor que antes o peor?

Ganapathy ha oído hablar de Satyajit Ray, pero cree que no ha visto ninguna de sus películas. Solo un pequeño sector del público indio, dice, se interesaría por ese tipo de cine. En general, dice, los indios prefieren ver películas norteamericanas. Las películas indias todavía son muy primitivas.

Ganapathy es el primer indio que conoce un poco, si es que se puede considerar que lo conoce: juegan al ajedrez y comparan desfavorablemente Inglaterra con Norteamérica, además de la visita sorpresa al piso de Ganapathy. Sin duda, la conversación ganaría mucho si Ganapathy fuera un intelectual en lugar de simplemente listo. Sigue sorprendiéndole que la gente pueda ser tan lista como lo es en la industria informática y que sin embargo no tengan otros intereses más allá de los precios de la vivienda y los coches. Había creído que se trataba de una manifestación de la famosa ignorancia de la clase media inglesa, pero Ganapathy no es mejor.

¿Esta indiferencia hacia el mundo es consecuencia de un exceso de trato con máquinas que parecen pensar? ¿Cómo le iría a él si un día dejara la industria de la informática y regresara a la sociedad civilizada? Después de invertir sus mejores energías durante tanto tiempo en jugar con máquinas, ¿sería capaz de mantener una conversación? ¿Habría ganado algo en todos los años pasados entre ordenadores? ¿No habría aprendido al menos a pensar de forma lógica? Para entonces, ¿no se habría convertido la lógica en su segunda naturaleza? Le gustaría creer que sí, pero no puede. En el fondo no siente el menor respeto por ninguna versión de pensamiento que pueda materializarse en el sistema de circuitos de un ordenador. Cuanto más se mete en la informática, más le recuerda al ajedrez: un mundo pequeño y cerrado definido por reglas inventadas que atrae a chicos con cierto temperamento susceptible y los vuelve medio locos, igual que él está medio loco, para que en todo momento piensen, engañados, que están jugando cuando en realidad el juego está jugando con ellos. Es un mundo del que puede escapar: todavía no es demasiado tarde. Si no, podría hacer las paces con él, como ve que hacen los jóvenes que le rodean, uno tras otro: conformarse con el matrimonio, la casa y el coche, conformarse con lo que la vida tiene que ofrecer siendo realistas, concentrar toda su energía en el trabajo. Le disgusta ver lo bien que opera el principio de realidad, cómo, aguijoneado por la soledad, el chico de los granos se conforma con la chica del pelo sin brillo y los muslos gruesos, cómo todo el mundo, por improbable que parezca, al final encuentra un compañero. ¿Es ese su problema, así de simple: que todo este tiempo ha sobrestimado su valía en el mercado, engañándose con la idea de que le correspondían las escultoras y las actrices cuando en realidad le corresponde la maestra de guardería del piso de protección oficial o la aprendiza de la zapatería?

Matrimonio: ¡quién habría imaginado que sentiría la tentación, por leve que sea, del matrimonio! No piensa rendirse, todavía no. Pero es una opción que se plantea en las largas tardes de invierno, comiéndose su pan con salchichas delante de la estufa de gas en casa del mayor Arkwright y escuchando la radio mientras de fondo la lluvia golpea la ventana.

19

Llueve. Ganapathy y él están solos en la cantina, jugando al ajedrez rápido con el juego de bolsillo de Ganapathy. Ganapathy le está dando una paliza, como de costumbre.

–Deberías irte a Norteamérica –dice Ganapathy–. Aquí estás perdiendo el tiempo. Todos nosotros estamos perdiendo el tiempo.

Él niega con la cabeza.

–No eres realista –le contesta.

Ha pensado más de una vez en intentar buscar trabajo en Norteamérica y ha decidido que no. Una decisión prudente, pero correcta. No tiene dotes especiales como programador. Sus colegas del equipo Atlas tal vez no tengan licenciaturas, pero sí mentes más claras que la suya, entienden los problemas computacionales más rápido y mejor de lo que él los entenderá nunca. En las discusiones apenas da el pego; siempre tiene que estar simulando que comprende las cosas cuando en realidad no las entiende; luego las descubre por sí solo. ¿Para qué iban a querer a alguien como él en Norteamérica? Norteamérica no es Inglaterra. América es dura y sin piedad: si por algún milagro consiguiera trabajo allí, le descubrirían enseguida. Además, ha leído a Allen Ginsberg, ha leído a William Burroughs. Sabe lo que Norteamérica hace con los artistas: los vuelve locos, los encierra, los expulsa.

–Podrías conseguir una beca en la universidad –dice Ganapathy–. A mí me dieron una, no tendrías problemas.

Le mira fijamente. ¿De verdad Ganapathy es tan ingenuo?

Hay una guerra fría en marcha. Estados Unidos y Rusia compiten por los corazones y las mentes de indios, iraquíes, nigerianos; las becas universitarias son parte de los incentivos que les ofrecen. Los corazones y las mentes de los blancos no les interesan; desde luego, no los corazones y las mentes de unos pocos blancos fuera de lugar en África.

–Lo pensaré –dice, y cambia de tema. No tiene ninguna intención de pensárselo.

En una fotografía de primera plana del *Guardian* un soldado vietnamita con uniforme estadounidense mira impotente un mar de llamas. TERRORISTAS SUICIDAS SIEMBRAN EL PÁNICO EN EL SUR DE VIETNAM, dice el titular. Un grupo de zapadores del vietcong se han abierto camino a través de la alambrada que rodea la base aérea norteamericana de Pleiku, han volado veinticuatro aviones y han prendido fuego a los tanques de almacenaje de combustible. Han perdido la vida en la acción.

Ganapathy, que le muestra el periódico, está exultante; él mismo siente la necesidad de reinvindicar sus derechos. Desde que llegó a Inglaterra, los periódicos británicos y la BBC incluyen historias de las proezas del ejército norteamericano en las que los vietcong mueren por millares mientras que los norteamericanos salen indemnes. Si alguna vez se insinúa alguna crítica a Estados Unidos, se hace de la manera más imperceptible. Apenas consigue forzarse a leer las noticias sobre la guerra del asco que le dan. Ahora el vietcong ha respondido de forma heroica e innegable.

Ganapathy y él nunca han hablado del Vietnam. Como Ganapathy estudió en Estados Unidos, él ha dado por sentado que el indio apoya a los norteamericanos o que no le interesa la guerra, como ocurre con todos los demás en International Computers. Ahora, de pronto, ve en la sonrisa y el brillo de sus ojos la cara oculta de Ganapathy. Pese a su admiración por la eficiencia norteamericana y su añoranza por las hamburguesas norteamericanas, Ganapathy está de parte de los vietnamitas porque son sus hermanos asiáticos. Ya está. Fin de la historia. No vuelven a mencionar la guerra. Pero él se pregunta más que nunca qué está haciendo Ganapathy en Inglaterra, en la periferia de Londres, trabajando en un proyecto por el que no siente ningún respeto. ¿No estaría mejor en Asia, combatiendo contra los norteamericanos? ¿Debería tener una conversación con Ganapathy, decírselo?

¿Y qué pasa con él? Si el destino de Ganapathy está en Asia, ¿dónde está el suyo? ¿Prescindirían los vietcong de sus orígenes y le aceptarían a su servicio, si no como soldado u hombre bomba, entonces como humilde camillero? Si no, ¿qué tal los amigos y aliados del vietcong, los chinos?

Escribe a la embajada china en Londres. Puesto que sospecha que los chinos no necesitan ordenadores, no menciona la programación informática. Está listo para enseñar inglés en China, dice, como contribución a la lucha mundial. No le importa lo que cobre.

Envía la carta y espera respuesta. Mientras tanto se compra *Aprenda chino usted mismo* y empieza a practicar los extraños sonidos masculinos del mandarín.

Pasan varios días; no tiene noticias de los chinos. ¿Han interceptado y destruido la carta los servicios secretos británicos? ¿Interceptan y destruyen todas las cartas dirigidas a la embajada? Si es así, ¿qué sentido tiene que les dejen tener una embajada en Londres? ¿O, después de interceptar la carta, los servicios secretos la han pasado al Ministerio del Interior con una nota para comunicar que el sudafricano que trabaja para International Computers en Bracknell ha delatado sus inclinaciones comunistas? ¿Va a perder el empleo y a ser expulsado de Inglaterra por culpa de la política? Si ocurre, no protestará. El destino habrá hablado; está preparado para aceptar la palabra del destino.

En sus viajes a Londres todavía va al cine, pero sus problemas de vista le estropean cada vez más la diversión. Tiene que sentarse en primera fila para poder leer los subtítulos e, incluso así, tiene que forzar la vista. Visita a un oftalmólogo y sale con un par de gafas de carey negro. En el espejo se parece aún más al cerebrito cómico del mayor Arkwright. Por otra parte, al mirar por la ventana descubre asombrado que distingue las hojas de los árboles una a una. Los árboles han sido un borrón verde desde que tiene uso de razón. ¿Habría tenido que llevar gafas toda la vida? ¿Explica esto que fuera un pésimo jugador de críquet, que la pelota siempre pareciera acercársele salida de ninguna parte?

Acabamos pareciéndonos a nuestro yo ideal, dice Baudelaire. Poco a poco la cara que deseamos, la cara de nuestros sueños secretos, arrolla a la cara con la que nacemos. ¿Es la cara del espejo la cara de sus sueños, esta cara larga y lúgubre con una boca flácida y vulnerable y unos ojos que ahora se parapetan tras unos cristales?

La primera película que ve con las gafas nuevas es *El Evangelio según san Mateo*, de Pasolini. Resulta una experiencia perturbadora. Después de cinco años de educación católica, había creído superado para siempre el atractivo del mensaje cristiano. Pero no es así. El pálido y huesudo Jesús de la película, que retrocede encogido ante el contacto de otros, que camina descalzo profiriendo profecías y diatribas, es real de un modo en que nunca lo fue el Jesús de corazón sangrante. Se estremece cuando le clavan las manos a Jesús; cuando el sepulcro aparece vacío y el ángel anuncia a las mujeres llorosas «No miréis aquí, porque ha resucitado», y empieza la misa luba y las gentes de la tierra, los cojos y lisiados, los despreciados y rechazados, llegan corriendo o renqueando, con los rostros iluminados por la alegría, a compartir la buena nueva, también su corazón quiere estallar; lágrimas de exaltación que no entiende le ruedan por las mejillas, lágrimas que tiene que secarse a escondidas antes de poder regresar al mundo.

En otra de sus excursiones a la ciudad, en el aparador de

una librería de segunda mano de Charing Cross Road, descubre un pequeño pero grueso libro con la cubierta violeta: *Watt*, de Samuel Beckett, publicado por Olympia Press. Olympia Press tiene mala fama: publica pornografía en inglés para suscriptores de Inglaterra y Norteamérica desde su refugio parisino. Pero, como actividad suplementaria, publica también los escritos más audaces de la vanguardia; *Lolita*, de Vladimir Nabokov, por ejemplo. Es muy poco probable que Samuel Beckett, autor de *Esperando a Godot* y *Fin de partida*, escriba pornografía. Entonces, ¿qué tipo de libro será *Watt*?

Lo hojea. Está impreso en la misma serif de cuerpo denso que los *Poemas escogidos* de Pound, un tipo que para él evoca intimidad, solidez. Compra el libro y se lo lleva a casa del mayor Arkwright. Desde la primera página sabe que ha dado con algo. Recostado en la cama con la luz colándose por la ventana, lee sin parar.

Watt no se parece a las obras de teatro de Beckett. No hay enfrentamiento, no hay conflicto, únicamente el flujo de una voz contando una historia, un flujo continuamente asaltado por dudas y escrúpulos, con el ritmo exactamente acompasado con el ritmo de la mente. *Watt* también es divertido, tan divertido que se desternilla de risa. Cuando llega al final lo empieza otra vez por el principio.

¿Por qué nadie le dijo que Beckett escribía novelas? ¿Cómo pudo haber imaginado que quería escribir a la manera de Ford cuando Beckett rondaba por ahí todo el tiempo? En Ford ha encontrado siempre un componente de camisa almidonada que no le gustaba, pero que dudaba en reconocer, algo relacionado con el valor que Ford otorgaba a saber en qué lugar del West End se compran los mejores guantes para automóviles o cómo distinguir un Médoc de un Beaune; mientras que en Beckett no hay clases, o, como él preferiría, Beckett es un desclasado.

La comprobación de los programas que confecciona tiene que realizarse en la máquina Atlas de Cambridge durante la noche, cuando los matemáticos que disfrutan de preferencia sobre el ordenador duermen. Así que cada dos o tres semanas coge el tren a Cambridge, cargado con una cartera de papeles y rollos de cinta perforada, además del pijama y el cepillo de dientes. Mientras está en Cambridge se aloja en el hotel Royal, con cargo a International Computers. Trabaja en el Atlas de seis de la tarde a seis de la mañana. A primera hora de la mañana regresa al hotel, desayuna y se va a la cama. Tiene la tarde libre para vagar por la ciudad, para ver películas. Luego debe volver al laboratorio matemático, el inmenso edificio con aspecto de hangar donde se guarda el Atlas, para reanudar la jornada nocturna.

Es una rutina que le va al dedillo. Le gusta viajar en tren, le gusta el anonimato de los hoteles, le gustan los abundantes desayunos ingleses a base de beicon con salchichas y huevos y tostadas con mermelada y café. Como no tiene que llevar traje, puede mezclarse sin dificultad con los estudiantes de la calle, hasta pasar por uno más. Y pasar la noche con el gran Atlas, solos él y el ingeniero de guardia, observando cómo el lector lee el rollo de código informático que él mismo ha confeccionado, cómo los discos de cinta magnética empiezan a girar y las luces de la consola a brillar a una orden suya: le proporciona una sensación de poder que sabe que es infantil pero en la que, como no le ve nadie, puede deleitarse.

A veces tiene que quedarse en el laboratorio matemático hasta la mañana para hablar con los miembros del departamento de matemáticas. Porque todo lo verdaderamente innovador del software del Atlas no procede de International Computers, sino de un puñado de matemáticos de Cambridge. Desde cierto punto de vista, él no es más que un miembro de un equipo de programadores profesionales de la industria informática que el departamento de matemáticas de Cambridge ha contratado para aplicar sus ideas, igual que, desde el mismo punto de vista, International Computers es una firma de ingenieros contratada por la Universidad de Manchester para construir un ordenador según sus diseños. Desde ese punto de vista, él es un simple trabajador a sueldo de la universidad, no un colaborador con derecho a hablar en igualdad de condiciones con esos científicos jóvenes y brillantes.

Porque son realmente brillantes. A veces sacude la cabeza sin acabar de creerse lo que ocurre. Aquí está él, un licenciado del montón de una universidad colonial de segunda fila, dirigiéndose por el nombre de pila a hombres con doctorados en matemáticas, hombres que, en cuanto se ponen a hablar, le dejan atrás y aturdido. Problemas con los que él ha estado semanas batallando torpemente, ellos los solucionan en un abrir y cerrar de ojos. Con frecuencia, detrás de lo que él había creído que era un problema ellos ven el problema de verdad y simulan por él que también él lo había detectado.

¿Realmente están tan perdidos en las altas esferas de la lógica computacional que no ven lo estúpido que es o –por razones que a él se le escapan, ya que no debe de ser nadie para ellos– tienen la deferencia de cuidar de que pueda mantener las apariencias en su presencia? Puede creérselo de Japón; ¿es aplicable también a Inglaterra? En cualquier caso, ¡verdaderamente admirable!

Está en Cambridge, en las instalaciones de una universidad antigua, codeándose con los grandes. Hasta le han dado una llave del laboratorio matemático, una llave de la puerta lateral, para que pueda entrar y salir. ¿Qué más podría esperar? Pero debe ir con cuidado de no dejarse llevar, de no hacerse ideas exageradas. Está aquí por suerte y nada más. Nunca habría podido estudiar en Cambridge, no era lo bastante bueno para obtener una beca. Debe seguir pensando en sí mismo como en mano de obra contratada: si no, se convertirá en un impostor, igual que Jude Fawley entre los chapiteles de Oxford. Un día de estos, pronto, su trabajo habrá terminado, tendrá que devolver la llave, las visitas a Cambridge se acabarán. Pero al menos que le dejen disfrutar mientras pueda.

20

Es su tercer verano en Inglaterra. Después de almorzar, en el césped de detrás de la Casa Solariega, los programadores se han acostumbrado a jugar al críquet con una pelota de tenis y un bate viejo que encontraron en un armario de la limpieza. No juega al críquet desde que acabó el colegio, cuando decidió dejarlo al considerar que los deportes de equipo eran incompatibles con la vida de un poeta e intelectual. Ahora descubre sorprendido lo mucho que sigue gustándole. No solo disfruta, sino que es bueno jugando. Todos los golpes que de niño se esforzó sin éxito en dominar vuelven espontáneamente, con una facilidad y una fluidez nuevas porque sus brazos son más fuertes y porque no hay razón para temer una bola blanda. Es mejor, mucho mejor bateador y lanzador que sus compañeros. ¿Cómo pasaban los días de colegio estos jóvenes ingleses?, se pregunta. ¿Tiene que venir él, un oriundo de las colonias, a enseñarles a jugar a su propio juego?

Su obsesión por el ajedrez va declinando, está empezando a leer otra vez. Aunque la biblioteca de Bracknell es pequeña y poco adecuada, los bibliotecarios le encargan cualquier libro que desee de la red del condado. Está leyendo la historia de la lógica, siguiendo la intuición de que la lógica es un invento humano, no una parte de la estructura del ser, y por tanto (hay muchos pasos intermedios, pero ya los rellenará luego) los ordenadores son meros juguetes inventados por niños (encabezados por Charles Babbage) para divertir a otros chicos. Está convencido de que existen muchas lógicas alternativas (pero ¿cuántas?), todas tan buenas como la lógica del «o... o...». La amenaza del juguete con el que se gana la vida, la amenaza que lo convierte en algo más que un simple juguete, consiste en que grabará rutas «o... o...» en los cerebros de los usuarios, condenándolos así, de manera irreversible, a la lógica binaria.

Devora Aristóteles, Peter Ramus, Rudolf Carnap. No entiende la mayor parte de lo que lee, pero está acostumbrado a no entender las cosas. De momento solo está buscando el momento histórico en que se eligió «o... o...» y se descartó «y/o».

Tiene sus libros y sus proyectos (la tesis sobre Ford, casi terminada, el desmantelamiento de la lógica) para llenar las tardes, el críquet a mediodía y, cada dos semanas, unos días en el hotel Royal con las noches de lujo a solas con el Atlas, el ordenador más imponente del mundo. ¿Puede ser mejor la vida de soltero, si es que ha de ser de soltero?

Solo hay un pero. Hace un año que escribió su último verso. ¿Qué le ha pasado? ¿Es verdad que el arte solo surge en la tristeza? ¿Debe volver a sufrir para escribir? ¿No existe también una poesía del éxtasis, incluso una poesía del críquet a la hora del almuerzo como forma de éxtasis? ¿Importa de dónde nazca el ímpetu poético mientras sea poesía?

Aunque el Atlas no ha sido construido para manejar textos, él aprovecha las horas muertas de la noche para imprimir miles de líneas al estilo de Pablo Neruda, usa como léxico una lista de las palabras más poderosas de «Alturas del Machu Picchu», en traducción de Nathaniel Tarn. Se lleva el fajo de papel al hotel Royal y lo lee. «La nostalgia de las teteras.» «El ardor de las persianas.» «Jinetes furiosos.» Ya que de momento es incapaz de escribir poesía que emane del corazón, si su corazón no está en el estado adecuado para generar poesía propia, ¿puede al menos hilar seudopoemas compuestos de frases generadas por la máquina y así, repasando los movimientos de la escritura, aprender otra vez a escribir? ¿Es justo emplear ayudas mecánicas para escribir: justo para otros poetas, justo para los maestros muertos? Los surrealistas escribían palabras en trocitos de papel y los mezclaban en un sombrero, después sacaban palabras al azar para construir versos. William Burroughs cortaba páginas en pedazos, los barajaba y unía los trozos. ¿Acaso él no está haciendo algo parecido? ¿O estos grandes recursos –qué otro poeta en Inglaterra, en el mundo, tiene a su disposición una máquina de este tamaño– convierten la cantidad en calidad? Sin embargo, ¿no podría argüirse que la invención del ordenador ha modificado la naturaleza del arte al hacer del autor y el estado de su corazón elementos irrelevantes? Ha oído en «Third Programme» música de los estudios de Radio Colonia, música ensamblada a partir de chillidos y crujidos electrónicos y ruidos de la calle, fragmentos de habla y de grabaciones viejas. ¿No es hora de que la poesía se ponga a la altura de la música?

Envía una selección de sus poemas de Neruda a un amigo de Ciudad del Cabo, que los publica en la revista que dirige. Un periódico local reproduce uno de los poemas del ordenador con un comentario burlón. Durante un par de días, es conocido en Ciudad del Cabo como el bárbaro que quiere reemplazar a Shakespeare por una máquina.

Además de los ordenadores Atlas de Cambridge y Manchester, existe un tercer Atlas. Se encuentra en el centro de investigación atómica del Ministerio de Defensa, a las afueras de Aldermaston, no muy lejos de Bracknell. Una vez comprobado y aprobado en Cambridge el software del Atlas, hay que instalarlo en la máquina de Aldermaston. Los instaladores son los mismos programadores que lo escribieron. Pero primero tienen que superar un control de seguridad. Se les entrega un largo cuestionario sobre su familia, historia personal, experiencia laboral; reciben en casa la visita de unos hombres que se presentan como policías, pero que lo más probable es que pertenezcan al servicio secreto.

Todos los programadores británicos reciben el visto bueno y acreditaciones con su fotografía para colgárselas del cuello durante las visitas. Después de presentarse en la entrada de Aldermaston y dirigirse escoltados al edificio donde está el ordenador, pueden moverse más o menos con total libertad. Sin embargo, Ganapathy y él no reciben la autorización porque son extranjeros o, como dice Ganapathy, extranjeros no norteamericanos. Por tanto, en la verja de entrada se les asigna un guardia a cada uno que los acompaña de un sitio a otro, los vigila todo el tiempo y se niega a dar conversación. Cuando van al lavabo, el guardia espera de pie junto a la puerta del cubículo; cuando comen, el guarda espera de pie detrás de ellos. Tienen permiso para hablar con otros miembros del personal de International Computers, pero con nadie más.

Su relación con el señor Pomfret en los tiempos de IBM y su colaboración en el desarrollo del bombardero TSR-2, vistas en retrospectiva, le parecen ahora tan triviales, incluso cómicas, que no le cuesta tranquilizar su conciencia. Aldermaston es harina de otro costal. Trabaja un total de diez días repartidos en varias semanas. Cuando por fin termina, las rutinas de planificación magnética funcionan igual de bien que lo hacían en Cambridge. Su trabajo ha concluido. Sin duda había otras personas que podían haber instalado las rutinas, pero no tan bien como él, que las escribió y se las conoce al dedillo. Otros podrían haber hecho el trabajo, pero no lo han hecho. Aunque podría haberse librado (por ejemplo, podría haber sacado a relucir lo antinatural de tener a un guardia con cara de póquer observando todos sus actos y el efecto de esta circunstancia en su estado mental), no lo hizo. Tal vez el señor Pomfret hubiera sido una broma, pero no puede simular que Aldermaston lo sea.

Nunca había visto un lugar como Aldermaston. El ambiente dista mucho del de Cambridge. El cubículo donde trabaja, como todos los demás cubículos y objetos que contienen, es barato, funcional y feo. Toda la base, compuesta de edificios bajos de ladrillo dispersos por el recinto, es fea con la fealdad de un lugar que sabe que nadie se molestará en mirarlo; quizá con la fealdad de un lugar que sabe que en caso de guerra será borrado de la faz de la tierra.

Sin duda, en el complejo hay tipos listos, tan listos como los matemáticos de Cambridge, o casi. Sin duda, de todos los que ve por los pasillos, supervisores de operaciones, agentes de investigaciones, agentes técnicos de grado I, II y III, agentes técnicos superiores, gente con la que no le está permitido hablar, algunos son licenciados por Cambridge. Él ha creado las rutinas que está instalando, pero la planificación previa fue obra de la gente de Cambridge, gente que no podía ignorar que la máquina del laboratorio matemático tenía una siniestra hermana en Aldermaston. La gente de Cambridge no tiene las manos mucho más limpias que él. No obstante, al cruzar estas puertas, al respirar el aire de este lugar, ha colaborado en la carrera armamentística, se ha convertido en cómplice de la guerra fría, y encima del bando equivocado.

Parece que en estos tiempos las pruebas ya no se avisan con una antelación prudencial como hacían cuando era un colegial, o ni siquiera se anuncian. Pero en este caso es difícil excusarse en que le pilló desprevenido. Desde la primera vez que se pronunció la palabra «Aldermaston» supo que Aldermaston sería una prueba y supo que no la iba a pasar, que iba a faltarle lo que había que tener para pasarla. Al trabajar para Aldermaston se ha prestado al mal y, desde cierto punto de vista, se ha prestado con más culpabilidad que sus colegas ingleses, quienes de haberse negado a participar habrían arriesgado sus carreras mucho más que él, un intruso temporal en la pelea entre Gran Bretaña y Estados Unidos, por un lado, y Rusia, por el otro.

«Experiencia». Es la palabra en la que se gustaría apoyarse para justificarse ante sí mismo. El artista debe probar todas las experiencias, desde la más noble hasta la más baja. Igual que el destino del artista es experimentar la alegría creativa suprema, también debe estar preparado para cargar con todo lo que en la vida hay de miserable, escuálido, ignominioso. En nombre de la experiencia padeció Londres; los días muertos en IBM, el gélido invierno de 1962, una humillación tras otra: etapas, todas, de la vida del poeta que pone a prueba su alma. De idéntica manera Aldermaston –el cubículo espantoso en el que trabaja, con su mobiliario de plástico y su vista a la parte de atrás de una caldera y el hombre armado a sus espaldas– puede considerarse simplemente como una experiencia, como otra etapa más del viaje hacia las profundidades. Es una justificación que no le convence ni por un momento. Es sofistería, nada más, sofistería deleznable. Y si va a seguir afirmando que, igual que acostarse con Astrid y su osito de peluche fue conocer la miseria moral, contarse a uno mismo mentiras para justificarse es conocer la miseria intelectual de primera mano, la sofistería solo devendrá más deleznable todavía. Nada puede decirse a su favor; tampoco, para ser verdaderamente sincero, nada puede decirse a favor de que no tenga nada que decir. En cuanto a la sinceridad despiadada, la sinceridad despiadada no es un truco difícil de aprender. Al contrario, es la cosa más fácil del mundo. Del mismo modo que un sapo venenoso no se envenena a sí mismo, así enseguida endurecemos la piel contra nuestra propia sinceridad. ¡Muerte a la razón, muerte al habla! Lo único importante es hacer lo que debes, ya sea por la razón correcta, por la equivocada o por ninguna.

No es difícil adivinar qué es lo que debes hacer. No necesita pensar mucho para saber qué debe hacer. Si quisiera, podría hacer lo correcto con precisión casi infalible. Lo que le da que pensar es si puede seguir siendo poeta mientras hace lo correcto. Cuando trata de imaginar el tipo de poesía que fluiría de hacer lo correcto una y otra vez, solo ve un rotundo vacío. Lo correcto es aburrido. De modo que se encuentra en un punto muerto: preferiría ser malo a aburrido, no respeta a las personas que preferirían ser malas a aburridas y tampoco respeta el ingenio que le permite ser capaz de plantear este dilema en palabras claras.

Pese al críquet y los libros, pese a los pájaros siempre contentos saludando al alba con sus gorjeos desde el manzano de debajo de su ventana, los fines de semana se le hacen muy duros, en particular los domingos. Teme despertarse los domingos por la mañana. Hay algunos rituales que ayudan a pasar el domingo, principalmente salir a comprar el periódico, leerlo en el sofá y recortar los entretenimientos de ajedrez. Pero el periódico no dura mucho más allá de las once de la mañana; y, de todos modos, leer los suplementos dominicales es un modo demasiado evidente de matar el tiempo.

Está matando el tiempo, está intentando matar el domingo para que el lunes llegue antes y con él el alivio que proporciona el trabajo. Pero, en un sentido más amplio, el trabajo también es un modo de matar el tiempo. Todo lo que ha hecho desde que desembarcó en Southampton ha sido matar el tiempo mientras espera a que se cumpla su destino. El destino no iría a buscarle a Sudáfrica, se dijo; solo saldría a su encuentro (¡como una novia!) en Londres, París o tal vez Viena, porque solo en las grandes ciudades de Europa reside el destino. Durante casi dos años esperó y sufrió en Londres, y el destino no llegó. No ha sido lo bastante fuerte para seguir soportando Londres y se ha batido en retirada hacia el campo, una retirada estratégica. No está seguro de si el destino visita el campo, ni siquiera tratándose de la campiña inglesa, ni siquiera aunque esté a apenas una hora en tren de Waterloo.

Por supuesto, en el fondo sabe que el destino no irá a visitarle a menos que él lo obligue. Tiene que sentarse y escribir, es la única manera. Pero no puede empezar a escribir hasta el momento adecuado, y da igual lo escrupulosamente que se prepare, vaciando la mesa, colocando la lámpara, dibujando un margen con regla en la página en blanco, sentándose con los ojos cerrados, dejando la mente en blanco: pese a todo, no le vendrán las palabras. O mejor dicho, le vendrán muchas palabras, pero no las correctas, la frase que reconocerá en el acto, por su peso, por su aplomo y equilibrio, como la destinada.

Detesta estas confrontaciones con la página en blanco, las detesta hasta el extremo de empezar a evitarlas. No soporta el peso de la desesperación que se abate sobre él después de cada sesión infructífera, el darse cuenta de que ha vuelto a fracasar. Es mejor no torturarse de esta manera, una y otra vez. Podría dejar de ser capaz de responder cuando por fin llegue la hora, podría estar demasiado débil, ser demasiado cobarde. Es muy consciente de que su fracaso como escritor y su fracaso como amante van tan estrechamente ligados que muy bien podrían ser la misma cosa. Es el hombre, el poeta, el hacedor, el principio activo, y se supone que el hombre no debe esperar a que la mujer se le aproxime. Al contrario, es la mujer la que se supone que debe esperar al hombre. La mujer es la que duerme hasta que el beso del príncipe la despierta; la mujer es el capullo que se abre bajo la caricia de los rayos solares. A menos que se disponga a actuar, nunca ocurrirá nada, ni en el amor ni en el arte. Pero no confía en su fuerza de voluntad. Igual que no puede empujarse a escribir sino que debe esperar la ayuda de alguna fuerza del exterior, una fuerza que solía llamarse musa, tampoco puede obligarse a aproximarse a una mujer sin algún indicio (¿de dónde?, ¿de ella?, ¿de él?, ¿de arriba?) de que ella es su destino. Si se acerca a una mujer con otro ánimo, el resultado es un enredo como la desastrosa aventura con Astrid, un enredo del que trató de escapar casi antes de que empezara.

Hay otra manera más brutal de decir lo mismo. De hecho, hay mil maneras: podría pasarse el resto de la vida escribiendo una lista. Pero la más brutal es decir que tiene miedo: miedo de escribir, miedo de las mujeres. Tal vez ponga mala cara a los poemas que lee en *Ambit* y *Agenda*, pero al menos están impresos, están en el mundo. ¿Cómo va a saber si los hombres que los escribieron se pasaron años debatiéndose con las mismas exigencias que él ante la página en blanco? Se debatieron, pero al final recuperaron la compostura y escribieron lo mejor que pudieron lo que tenían que escribir, y lo enviaron por correo y sufrieron la humillación del rechazo o la humillación equivalente de ver sus efusiones en fría impresión, en toda su pobreza. Del mismo modo, estos hombres habrían encontrado una excusa, por pobre que fuera, para hablar con alguna chica guapa en el metro, y si ella girase la cabeza o dejase caer algún comentario mordaz en italiano a alguna amiga, bueno, habrían encontrado el modo de sufrir el revés en silencio y al día siguiente lo habrían vuelto a intentar con otra chica. Así es como se hace, así es como funciona el mundo. Y un día, estos hombres, estos poetas, estos amantes, tendrán suerte: la chica, no importa la excelencia de su belleza, les responderá, y una cosa llevará a la otra y sus vidas se transformarán, las de ambos, y punto. ¿Qué más hace falta sino una especie de obstinación estúpida e insensata como amante y escritor unida a la buena disposición para fracasar una y otra vez?

Su problema es que no está preparado para el fracaso. Quiere una A, un alfa, o un cien por cien en cada intento, con un gran «¡Excelente!» al margen. ¡Ridículo! ¡Infantil! No tienen que decírselo: lo ve él solito. No obstante. No obstante, no puede hacerlo. Hoy no. Tal vez mañana. Tal vez mañana estará de humor, tendrá valor.

Si fuera una persona más cálida, no hay duda de que todo le resultaría más sencillo: la vida, el amor, la poesía. Pero no es su carácter. De todos modos, de la calidez no nace poesía. Rimbaud no era cálido. Baudelaire no era cálido. Ardiente, sí, eso sí, cuando hacía falta —ardiente en la vida, ardiente en el amor—, pero no cálido. Él también puede ser ardiente, nunca ha dejado de creerlo. Pero, por el momento, por un tiempo indefinido, es frío: frío, gélido.

¿Y en qué queda toda esta falta de calor, esta falta de corazón? El resultado es que está sentado solo un domingo por la tarde en la habitación de arriba de una casa en las profundidades de la campiña de Berkshire, con cuervos graznando en los campos y una neblina gris pendida en lo alto, jugando al ajedrez contra sí mismo, envejeciendo, esperando a que caiga la noche para poder freírse unas salchichas con pan para la cena sin tener mala conciencia. A los dieciocho años pudo haber sido un poeta. Ahora no es poeta, ni escritor, ni artista. Ahora es programador informático, un programador informático de veinticuatro años en un mundo donde no hay programadores informáticos de treinta años. A los treinta estás demasiado viejo para ser programador: te conviertes en otra cosa –una especie de hombre de negocios– o te pegas un tiro. Solamente porque es joven, porque las neuronas de su cerebro todavía disparan más o menos con puntería infalible, ha conseguido entrar en la industria informática británica, en la sociedad británica, en Gran Bretaña. Ganapathy y él son dos caras de la misma moneda: Ganapathy no se muere de hambre porque haya cortado los lazos con la madre India, sino porque no come lo suficiente, porque pese a su máster en ciencia computacional no sabe nada de vitaminas, minerales y aminoácidos; y él está atrapado en un final atenuante, empujándose con cada movimiento un poco más hacia el rincón, hacia la derrota. Un día de estos los hombres de la ambulancia llamarán al piso de Ganapathy y lo sacarán en un camilla con la cara cubierta por una sábana. Cuando hayan acabado con Ganapathy podrían pasar a buscarle a él.

Esta edición de 3.000 ejemplares
se terminó de imprimir en
Artes Gráficas Piscis S.R.L.,
Junín 845, Buenos Aires,
en el mes de octubre de 2003.